Iris Reichelt

Intrapreneurship. Ein modernes Konzept zur Innovationsförderung in Unternehmen

Strategien in Zeiten gesteigerten Wettbewerbsdrucks

Bibliografische Information der Deutschen Nationalbibliothek:

Die Deutsche Nationalbibliothek verzeichnet diese Publikation in der Deutschen Nationalbibliografie; detaillierte bibliografische Daten sind im Internet über http://dnb.d-nb.de abrufbar.

Impressum:

Copyright ©Studylab

Ein Imprint der GRIN Verlag, Open Publishing GmbH

Druck und Bindung: Books on Demand GmbH, Norderstedt, Germany

Coverbild: GRIN | Freepik.com | Flaticon.com | ei8htz

Inhaltsverzeichnis

Abstract / Zusammenfassung

Durch die implizierten Veränderungen des Zeitalters der Globalisierung entstehen neue Herausforderungen für Unternehmen, welche ein fundamentales Umdenken erfordern. Daher wird in dieser Bachelorarbeit analysiert, wie Innovationen im Unternehmen mit Hilfe des Intrapreneurship-Konzeptes entstehen und somit die Wettbewerbsfähigkeit bei steigendem Konkurrenzdruck nachhaltig gesichert werden kann. Ziel ist es, ein generelles Rahmenkonzept zu entwickeln, um die Entstehung und Förderung des Intrapreneurship-Konzeptes im Unternehmen aufzuzeigen. Dazu wird eine wissenschaftliche Untersuchung konservativer und moderner Methoden durchgeführt und aufgrund der Auswertung von Fachliteratur diskutiert. Die Analyse der sieben unternehmensgestaltenden Kernvariablen führte zu dem Ergebnis, dass für jeden Erfolgsfaktor (Strategie, Struktur, Systeme, Unternehmenskultur, Mitarbeiter, Fähigkeiten und gemeinsame Werte) Intrapreneurship fördernde Konzepte entwickelt werden können. Diese müssen in einer ausgewogenen Balance stehen, um die Mitarbeitermotivation hinsichtlich unternehmerischen Denkens und Handelns zu steigern. Aufgrund der Rahmenbedingungen im Kontext von Globalisierung und der rasanten Dynamik der Märkte stellt Intrapreneurship ein umfassendes, jedoch robustes Konzept zur Förderung und Sicherung von Innovationsfreude dar und ist damit ein erfolgsversprechendes Modul zur Erreichung überdurchschnittlicher Wettbewerbsfähigkeit.

Changes in the age of globalization imply new challenges for companies, requesting them to question their core competencies and capabilities in a fundamental way. This Bachelor's Thesis analyses the origin of a firm's innovative activity using the concept of intrapreneurship, whereby aiming to increase competitiveness in contrast of increasing competition. This work develops generic framework for the promotion and emergence of intrapreneurship in a firm. A scientific observation of conservative and modern methods is conducted to generate this framework, which is discussed in the context of corresponding literature. The analysis of seven core variables that shape a company leads to a proposal for action in regard to each of the core variables (strategy, structure, systems, style, staff, skills and shared values) to promote intrapreneurship. These have to be in balance in order to increase employee motivation in terms of entrepreneurial thinking and action. Due to changing circumstances brought to the economic landscape by globalization and fast adapting markets, intrapreneurship displays a comprehensive, yet robust concept for the promotion and securement of innovative activity, thereby representing a promising module for the achievement of an above-average competitive position.

Abbildungsverzeichnis

1 Einleitung

„Die Märkte der Welt entwickeln sich zu einem Weltmarkt.“[1]

Menschen sind heute auf eine Weise verbunden, die noch vor zwanzig Jahren niemand für möglich gehalten hätte. Diese globale Vernetzung schlägt sich in allen Bereichen des menschlichen Lebens nieder. Es bestehen internationale Verflechtungen in den Bereichen Wirtschaft, Politik, Kultur, Umwelt und Kommunikation, welche zwischen Individuen, Gesellschaften, Institutionen und auch Staaten stattfinden. Hauptmotoren dieser Globalisierungsentwicklung sind technische und informationstechnologische Innovationen sowie weltpolitische und handelstechnische Gründe. Für Unternehmen bringt dies einschneidende Veränderungen mit sich, da sich der Vertrieb von Produkten und Dienstleistungen nicht mehr auf das lokale Umfeld beschränkt, sondern sich global erweitert hat. Dadurch entsteht ein tiefgreifender Wandel der Wettbewerbsbedingungen, welcher durch die zunehmende Marktdynamik zusätzlich gesteigert wird. Es ist daher für Unternehmen unerlässlich, sich auf diese - durch die Globalisierung hervorgerufenen - Umbrüche einzustellen, um auf dem internationalen Markt bestehen zu können. Um das Fundament für eine erfolgreiche Unternehmensplanung zu legen ist es zunächst nötig, eine Analyse der Rahmenbedingungen der Makroumwelt durchzuführen. Die PEST-Analyse ist hierbei ein geeignetes Instrument, um das externe Umfeld auf politische, wirtschaftliche, soziokulturelle und technologische Einflussfaktoren zu untersuchen. Da in Zeiten der Globalisierung die Wettbewerbsfähigkeit vor allem auf der Innovationsfähigkeit der Unternehmen und der Reaktionsgeschwindigkeit derer bei Marktveränderungen beruht, werden mehr denn je Mitarbeiter benötigt, welche sich begeistert für das Unternehmen einsetzen, indem sie unternehmerisch handeln und denken. Eine zielführende praktische Umsetzung ist das Intrapreneurship-Konzept, durch das die Mitarbeiter befähigt werden, ein mitunternehmerisches und damit innovatives Denken zu entwickeln. Es stellt sich die Frage, durch welche Maßnahmen eine effektive und effiziente Implementierung sowie Umsetzung von Intrapreneurship ermöglicht werden kann. Dabei kristallisieren sich sieben unternehmensgestaltende Kernvariablen heraus (Strategie, Struktur und Systeme sowie Unternehmenskultur, Mitarbeiter, Fähigkeiten und Vision), durch die es jedem Unternehmen möglich ist, mit Hilfe be-

---

[1] Pribilla/Reichwald/Goecke [1996], S. 2.

stimmter Methoden Intrapreneurship entstehen zu lassen und zu fördern. Jeder Mitarbeiter der als Intrapreneur agiert, ist somit ein Motor für eine Marktführerschaft avancierende Organisation in Zeiten der Globalisierung, denn „Persönlichkeiten, nicht Prinzipien, bringen die Zeit in Bewegung."[2]

---

[2]   Seiwert, [1996], S. 37.

2 Veränderte Rahmenbedingungen in der Makroumwelt

> „In den vergangenen 20 bis 30 Jahren haben sich erhebliche Umbrüche in Arbeit, Wirtschaft und Gesellschaft vollzogen, die nicht nur die grundlegenden Rahmenbedingungen der Regulierung von Arbeit verändern und neue Anforderungen an sie generieren, sondern mittlerweile auch das institutionelle System der Arbeitsbeziehungen unter Druck geraten lassen."[3]

Die traditionelle Gesellschaft mit ihren Vorgaben aber auch Sicherheiten rückt zusehends in den Hintergrund. Der moderne, in einer individualisierten Gesellschaft lebende Mensch gestaltet sein Leben vor dem Hintergrund einer Fülle an Alternativen hinsichtlich Lebensstil, Beruf, Beziehungsform, Lebensort und moralischer Orientierung. Parallel hierzu ist das Wirtschafts- und Arbeitssystem im Vergleich zu der weniger konfliktreichen Nachkriegszeit, die im Zeichen von Wiederaufbau, Wirtschaftswunder und Vollbeschäftigung stand, heute von einer durch die Globalisierung verschärften Konkurrenz- und Wettbewerbssituation geprägt. Die neuen Wettbewerbsbedingungen zusammen mit den modernen Technologien und der Wertewandel stellen neue Herausforderungen für die Zukunft von Unternehmen dar.[4] Während Unternehmen sehr wenig bis keinen Einfluss auf die Makroumwelt haben, beeinflusst diese die Entwicklung des Unternehmens erheblich. Eine Analyse der jetzigen und kommenden Umweltveränderungen ist daher von großer Bedeutung, um Chancen und Risiken unternehmerischer Strategien aufzudecken.

Daher ist es die Aufgabe der Unternehmen, Entwicklungstendenzen der Makroumwelt frühestmöglich zu antizipieren, um auf dem Markt bestehen zu können. Dahingehend wurden verschiedene Modelle zur Gliederung der Umweltfaktoren entwickelt, welche sich bis heute nur gering in den einbezogenen Aspekten unterscheiden. Eines der bekanntesten Modelle ist die PEST-Analyse, in welcher die Einflussfaktoren in die Bereiche *political*, *economic*, *social* und *technological* gliedert werden. Da die Makroumwelt durch zahlreiche Aspekte und Strömungen beeinflusst und verändert wird, werden in der nachfolgenden PEST-Analyse ausschließlich Faktoren berücksichtigt, die sich in Bezug auf die Globalisierung und Marktdynamik verändert und einen neuen Ist-Zustand hervorgerufen haben.

---

[3] Holtrup [2008], S. 9.

[4] Vgl. Pribilla/Reichwald/Goecke [1996], S. 1.

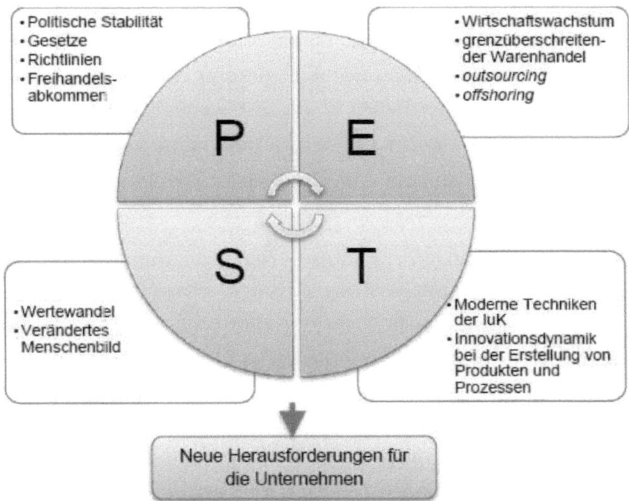

Abbildung 1: PEST-Analyse

(Quelle: Eigene Darstellung)

Durch die weitreichenden Veränderungen der wirtschaftlichen, politischen und technischen Einflussfaktoren im 21. Jahrhundert entstand erstmals die Notwendigkeit der Entwicklung eines internen Unternehmertums. Zusätzlich spielt der gesellschaftliche Umschwung eine gravierende Rolle bei der Implementierung und Umsetzung des Intrapreneurship-Konzeptes.

2.1 Politisches Umfeld

Alle Unternehmen unterliegen einer Fülle staatlicher Regulierungen in den wirtschaftlichen Bereichen Struktur, Ordnung und Prozesse. Unter die politischen Einflussfaktoren fallen somit alle von Seiten des Staates festgelegten Rahmenbedingungen, die jedes Unternehmen einhalten muss. Diese sind auf kommunaler, regionaler, nationaler und globaler Ebene definiert. Dazu zählen alle Richtlinien, Gesetze und Verordnungen, die von jedem, der in der Wirtschaft tätig ist, akzeptiert werden müssen. Bei international agierenden Unternehmen sind zusätzlich gesetzliche Vorschriften hinsichtlich des Umwelt-, Arbeits- und Steuerrechts von Bedeutung, die sich in den Bereichen des Umweltschutzes, den Freihandelszonen, den Zöllen, den Mindestlöhnen und dem Kündigungsrecht niederschlagen.

Grundlage aller politischen Handlungen ist heute stets der internationale Wettbewerb auf wirtschaftlicher Ebene. Das Hauptaugenmerk richtet sich auf den Finanzsektor mit dem Ziel der Haushaltskonsolidierung. Auf politischer Ebene beschäftigt man sich mit der Frage, wie ein weiterer Stellenabbau verhindert werden kann und wie die Steuerpolitik angepasst werden kann, um weiterhin konkurrenzfähig zu bleiben. Auch werden Überlegungen angestellt, durch welches Angebot von finanziellen Mitteln und Zuschüssen Firmen im eigenen Land gehalten werden können.

In Hinblick auf die Globalisierung kommt der Freihandelspolitik die größte Bedeutung zu. Durch Freihandelsabkommen werden Verträge zwischen Staaten geschlossen, in denen sie untereinander auf Handelshemmnisse verzichten. Drittländern gegenüber besteht jedoch weiterhin eine autonome Außenhandelspolitik. Durch den Verzicht auf Zölle, Exportbeschränkungen und Importquoten kommt es zu einer explosiven Steigerung des Außenhandels, welche die Wettbewerbsfähigkeit eines Staates sichert. Das Ziel ist dabei immer, die Produktion im eigenen Land durch Importe zu ersetzen, die auswärts billiger hergestellt werden können. Im Laufe der Geschichte entstanden aus mehreren einzelnen Freihandelsabkommen gesamte Freihandelszonen, die jedoch bisher kontinental beschränkt sind. Zu den bekanntesten zählen das NAFTA im nordamerikanischen Kontinent, der EWR im europäischen Wirtschaftsraum und der Mercosur im südamerikanischen Raum. Inzwischen gibt es „rund 500 regionale und bilaterale Abkommen, die weltweit den Handel zwischen Volkswirtschaften erleichtern."[5] Die neueste Tendenz besteht in einem Versuch der Ausweitung von Zonen über die Kontinente hinweg. Bekanntestes Beispiel hierfür ist das aktuell verhandelte transatlantische Freihandelsabkommen TIPP, welches zu einer Handelspartnerschaft zwischen der Europäischen Union und den Vereinigten Staaten führen soll. Auch für Entwicklungsländer stellt die mögliche Einbindung in ein Abkommen einen großen Sprung in Richtung wirtschaftlicher Entwicklung dar. So wird der Zugang zu den Märkten der Industrieländer möglich gemacht und durch den Wegfall von Zöllen kann eine Marktfähigkeit erreicht werden.

Insgesamt lässt sich feststellen, dass es durch die Einführung von Freihandelszonen zu einem Konjunkturanstieg der beteiligten Länder kommt. Der Absatzmarkt vergrößert sich, es findet eine erhöhte Leistungsfähigkeit statt und neue Arbeits-

---

[5] Hansen/Gala [2014], o. S.

stellen werden geschaffen. Eine freie Wahl der Arbeitsstätte wird innerhalb der Mitgliedsstaaten erleichtert.

2.2 Wirtschaftliches Umfeld

Neben den politischen Einflussfaktoren ist zu bedenken, dass sich jedes Unternehmen im Rahmen einer Volkswirtschaft entwickelt. „Gesamtwirtschaftliche Größen und deren Veränderungen beeinflussen Konjunktur und Wachstum und unmittelbar die Nachfrage- und Kostenbedingungen der Unternehmen und der Konsumenten."[6] Diese Entwicklungen können entweder auf regionaler, nationaler oder auch globaler Ebene stattfinden. Die fortschreitende Globalisierung führt dazu, dass sich moderne Unternehmen oft nicht mehr auf einen Standort beschränken, sondern versuchen, auf internationaler Ebene Fuß zu fassen. Dies macht es nötig, neben den nationalen wirtschaftlichen Rahmenbedingungen auch die konjunkturellen Prozesse und Entwicklungen in der EU, im Euro-Raum und auch in den USA, in Japan und Südostasien zu beobachten. Wichtige Bereiche sind hier das Wirtschaftswachstum, die Inflationsrate, geltende Wechselkurse sowie die Arbeitslosenquote. Abhängig von diesen Bedingungen sind die Einkommensentwicklung, die Nachfrageentwicklung, der Kostendruck, die Wettbewerbsintensität sowie das Investitionsrisiko.[7] Auch sind Trends in den Bereichen Wachstum, Konkurrenz, Konsum und Investition in der spezifischen Branche zu berücksichtigen, um zukunftsorientiert zu arbeiten.

In Hinblick auf die wachsende Globalisierung stellen die geschilderten politischen Veränderungen die rechtliche Grundlage für neue Entwicklungen im wirtschaftlichen Bereich dar. Der Ausbau von Freihandelszonen ist somit die Voraussetzung für globalen Handel, bei dem Produkte nicht mehr bloß regional, sondern weltweit getauscht werden. Dadurch erhalten „die betriebswirtschaftlichen Ziele ‚Kosten', ‚Qualität', ‚Zeit' (Entwicklungs- und Lieferzeit) und ‚Flexibilität' (...) aus wettbewerbsstrategischer Sicht eine grundsätzliche Neubewertung."[8] Am deutlichsten werden diese globalen wirtschaftlichen Veränderungen, wenn man die geschichtliche Entwicklung des grenzüberschreitenden Warenhandels betrachtet.

---

[6]   Handelswissen [o. J.], o. S.

[7]   Vgl. Handelswissen [o. J.], o. S.

[8]   Picot/Reichwald/Wigand [1996], S. 4.

Abbildung 2: Entwicklung des grenzüberschreitenden Warenhandels

(Quelle: Bundeszentrale für politische Bildung [2014], o. S., eigene Berechnungen mit Daten der World Trade Organization: International Trade Statistics 2013)

In der Grafik werden die steigende ökonomische Bedeutung des Außenhandels sowie die Veränderungen des Verhältnisses von Warenhandel und Weltwarenproduktion veranschaulicht. Es wird ersichtlich, dass im Zeitraum von 1960 bis 2008 der Warenexport um den Faktor 15,6 und die Weltwarenproduktion um den Faktor 5,3 zunahmen. Pro Jahr sind dies im Durchschnitt beim Export 5,9 Prozent, bei der Produktion 3,5 Prozent. Bedingt durch diese vermehrte Zunahme des grenzüberschreitenden Handels im Vergleich zur Produktion nimmt die Bedeutung des Außenhandels stetig zu. Dies zeigt auch die Quote: Der prozentuale Anteil der Exporte und Importe am weltweiten BIP lag im Jahr 2012 bei 51,7 Prozent. Lediglich die globale Finanz- und Wirtschaftskrise in den Jahren 2008/2009 führte zu einem Einbruch in dieser Entwicklung. Inzwischen hat sich die Wirtschaft wieder erholt und der Warenexport inzwischen einen vorläufigen Höchstwert erreicht. Der nominale Wert der exportierten Waren erreichte 2012 18,4 Billionen US-Dollar.[9]

Durch diese rasante Entwicklung verschärft sich zunehmend der Wettbewerbsdruck auf die einzelnen Länder. Daher versuchen die Unternehmen, möglichst vie-

---

[9]   Vgl. Bundeszentrale für politische Aufklärung [2014], o. S.

le Kosten bei Produktion und Personal zu sparen. Dies führt immer häufiger zu einer Auslandsverlagerung, auch *offshoring* genannt, bei der unternehmerische Funktionen, Prozesse oder ganze Standorte ins Ausland verlagert werden. Diese befinden sich häufig in Schwellenländern in Osteuropa und Asien. Diese Verlagerung beinhaltet viele Vorteile: So führt dies zur Erschließung neuer Absatz- und Beschaffungsmärkte, das Wissen der Arbeitnehmer in diesem Land kann genutzt werden und die Lohnkosten sind häufig niedriger. Auch rechnen sich die kürzeren Absatz- und Beschaffungswege und die daraus geringeren Transportkosten. Ein bekanntes Beispiel ist die Auslagerung der IT-Anwendungsentwicklung nach Indien. Das *offshoring* wird in erster Linie von Unternehmen genutzt, die eine gewisse Größe und Komplexität aufweisen. Für kleine und mittelständische Unternehmen bietet sich das *outsourcing* an, bei dem sich Unternehmen nur noch auf die Kernkompetenzen konzentrieren und Teile von Aufgaben und Strukturen an interne oder externe Dienstleister abgeben. Die Vergabe an Fremdfirmen kann von regional bis global variieren. Beispiele für *outsourcing* gibt es in der Textilbranche und im Elektronikbereich, wo die Produktion an meist asiatische Auftragsfertiger auslagert wird. Aufgrund der modernen Informations- und Kommunikationstechnologien werden auch zunehmend Dienstleistungen wie Webdesign- und Programmieraufträge, Marketing-Aufgaben und Services wie Übersetzung und Recherche ins Ausland verlagert. Aber nicht nur die Industrieländer profitieren von *offshoring* und *outsourcing*. Auch die Wirtschaft in den Schwellenländern wird durch diese Maßnahmen angeregt, die Arbeitnehmer können das zunehmende Arbeitsplatzangebot in ihrem Heimatland nutzen.

2.3 Gesellschaftliches Umfeld

Parallel zu den Veränderungen in Politik und Wirtschaft, die stets neue Herausforderungen für Unternehmen darstellen, haben in den letzten Jahrzehnten auch gravierende Umbrüche in der Gesellschaft stattgefunden. „Gesellschaftlicher Wandel, Veränderungen der Wertvorstellungen und Verhaltensweisen der Menschen führen so zu veränderten Vorstellungen von der Funktion der Unternehmung in der Gesellschaft und von der Stellung des Menschen in der Organisation."[10] Dies wirkt sich auch auf die Unternehmensstrategie aus, da durch den zunehmenden Wunsch nach Sinn, Herausforderung und Autonomie in der Arbeit

---

[10] Neugebauer [1997], S. 51.

zunehmend neue Ansprüche an diese gestellt werden. Diese veränderte Haltung legt den Grundstein für die gelungene Einführung von Intrapreneurship-Konzepten.

2.3.1 Wertewandel

Es zeichnet sich ein Wertewandel ab, der durch soziale und kulturelle Umbrüche gekennzeichnet ist. Dieser prägt die Einstellungen und Orientierungsmuster sowie die Erwartungshaltungen der Menschen und verändert die Positionierung des Einzelnen im gesellschaftlichen Gefüge. Als Werte werden hier „innere Führungsgrößen des menschlichen Tuns und Lassens, die überall dort wirksam werden, wo nicht biologische Triebe, Zwänge oder rationale Nutzenerwägungen den Ausschlag geben"[11] gesehen. Es wird davon ausgegangen, dass die grundlegenden Werte eines Menschen in seinen jungen Jahren geprägt werden und über die gesamte Lebenszeit stabil bleiben. Sie dienen dann als Richtschnur und Orientierung für die gesamte Lebensführung.[12] Die zwei Wertegruppen Pflicht- und Akzeptanzwerte sowie Selbstentfaltungswerte werden als die Träger des aktuellen Wertewandels gesehen. Hierbei kommt es zu einem Rückgang der Pflicht- und Akzeptanzwerte zugunsten der Selbstentfaltungswerte.

---

[11] Klages [1985], S. 9 f.
[12] Vgl. Müller [2012], o. S.

	Pflicht und Akzeptanz		Selbstentfaltung
Bezug auf die Gesellschaft	Disziplin Gehorsam Leistung Ordnung Pflichterfüllung Treue Unterordnung Fleiß	Idealistische Gesellschaftskritik	Emanzipation (von Autoritäten) Gleichbehandlung Gleichheit Demokratie Partizipation Autonomie (des Einzelnen)
Bezug auf das individuelle Selbst	Bescheidenheit Selbstbeherrschung Pünktlichkeit Anpassungsbereitschaft Fügsamkeit Enthaltsamkeit	Individualismus	Genuss Abenteuer Spannung Abwechslung Ausleben emotionaler Bedürfnisse Kreativität Spontanität Selbstverwirklichung Ungebundenheit Eigenständigkeit

Abbildung 3: Hauptsächlich am Wertewandel beteiligte Wertegruppen

(Quelle: Eigene Darstellung in Anlehnung an Klages [1985], S. 18)

Wesentliche Gründe für die Verschiebung der Werte sind zum einen das gestiegene Niveau materieller Versorgung und die daraus resultierenden Konsummöglichkeiten. Das Einkommen sichert heute – eng verknüpft mit der vermehrten arbeitsfreien Zeit – nicht mehr lediglich die Existenz, sondern ermöglicht auch das Ausleben und Ausgestalten individueller Lebensstile. Zum anderen führte die Bildungsexpansion dazu, dass ein höheres Bildungsniveau zum Teil unabhängig von den sozialen Bedingungen der Herkunftsfamilie erreicht werden kann.[13] Auf Grundlage dessen kommt es zunehmend zur Aufhebung der geschlechtsspezifischen Rollenverteilung sowie zu einer Pluralisierung der privaten Lebensformen. „Die private Lebensführung wird damit zunehmend zu einer selbst zu gestaltenden Aufgabe, zum individuellen Projekt".[14] Die herkömmliche Kleinfamilie wird immer häufiger durch Single-Haushalte, kinderlose Ehepaare, nichteheliche Lebensgemeinschaften und Ein-Eltern-Familien abgelöst. Dies führt zu einer individualisierten Lebensweise, die auch veränderte Ansprüche an die Erwerbstätigkeit

---

[13] Vgl. Holtrup [2008], S. 41 f.

[14] Holtrup [2008], S. 45.

mit sich bringt. Flexible Arbeitszeiten und Kinderbetreuung stellen hier wichtige Faktoren dar.

Grundsätzlich ist zu beobachten, dass die Menschen ihr Leben nicht mehr an den traditionellen, kollektiven Werten orientieren, sondern sich auf eine eigene Kreation ihres Lebensstils einlassen, der die individuelle Wahl des Bildungsweges, der Berufswahl, der privaten Lebensführung beinhaltet.[15] Der moderne Mensch strebt nach Individualisierung und Selbstverwirklichung, welche er auf privater Ebene aber auch im beruflichen Umfeld weitestgehend erreichen möchte. „Individualisierung, Enttraditionalisierung und Wertewandel führen dazu, dass Beschäftigte heute umfassendere Ansprüche an die Arbeit herantragen".[16] Diese zeigen sich in einer immer größer werdenden Ablehnung von Unterordnung, Verpflichtung und Ausführung von Tätigkeiten ohne Eigenverantwortung. Bei relativer Sicherheit des Arbeitsplatzes und dadurch ausreichenden finanziellen Mitteln verlagern sich die Prioritäten auf dessen inhaltliche Bedingungen und die Möglichkeiten, die sich für die Persönlichkeitsentwicklung ergeben. Die erworbenen Fähigkeiten fachlicher, intellektueller und kommunikativer Art sollen in der Erwerbstätigkeit Anwendung finden.[17] Ebenso sind für den modernen Menschen und Arbeitnehmer größtmögliche Selbstständigkeit, Selbstverwirklichung und Individualität im Beruf wichtig.[18] Bei der jüngeren Bevölkerungsschicht kommen Werte wie Freizeit, Lebensqualität und Autonomie zusätzlich zum Tragen. Dies zeigt sich deutlich bei einer Befragung von Studenten zum Wandel der Werte und der Prioritäten in Hinblick auf das Berufsleben, welche die Hochschule Pforzheim im Rahmen eines studentischen Forschungsprojektes durchführte.

---

[15] Vgl. Müller [2012], o. S.

[16] Holtrup [2008], S. 11.

[17] Vgl. Holtrup [2008], S. 48.

[18] Vgl. Picot/Reichwald/Wigand [1996], S. 4.

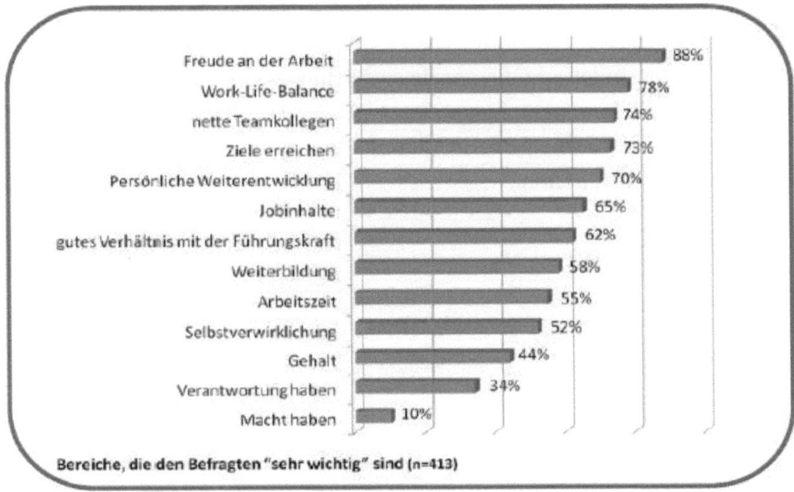

Abbildung 4: Generation Y wünscht sich Freude an der Arbeit

(Quelle: Academicworld [o. J.], o. S.)

Gerade bei der jetzigen und kommenden Generation zeigt sich, dass eine schnelle Karriere und ein hohes Gehalt nicht im Vordergrund stehen. Vielmehr sind Freude an der Arbeit, Work-Life-Balance sowie soziale Komponenten von Bedeutung, ebenso der Führungsstil in einem Unternehmen.[19] Es steht außer Frage, dass auch diese Generation der beruflichen Tätigkeit an sich einen hohen Stellenwert einräumt. Es zeigt sich jedoch, dass die Leistungsbereitschaft vielmehr von der Erwartung, sich selbst als Person einbringen zu können, abhängt. Eigener Handlungsspielraum, das Nutzen eigener Fähigkeiten und Neigungen sowie die Verwirklichung eigener Sinnvorstellungen treten in den Vordergrund.[20]

---

[19] Vgl. Academicworld [o. J.], o. S.
[20] Vgl. Klages [1985], S. 41 ff.

2.3.2 Verändertes Menschenbild

Dieser Wertewandel wird nochmals deutlicher, wenn man die geschichtliche Entwicklung des Menschenbildes betrachtet. Als Grundlage dient hierbei die Gesamtheit der Annahmen über Eigenschaften, Bedürfnisse, Werte, Einstellungen und Motive von Menschen.[21]

Menschenbild	Economic man	Social man	Self-actualising man	Complex man	Brain-directed man
Entstehungsjahr	1900	1930	1950	1960	2000
Grundtyp des Menschen	Maschinenähnliches Wesen	Soziale Wesen	Entwicklungsdurstiges Wesen	Facettenreiches Wesen	Black Box-getriggertes / gehirngesteuertes Wesen
Ablauf von Handlungs- und Entscheidungsprozessen	Kontrollierte und kognitiv ablaufende Prozesse bestimmen die Handlungs- und Entscheidungsprozesse				Emotionen und Affekte überlagern kognitive Prozesse
Wichtige Motivationsquelle	Finanzielle Anreize	Soziales „Angenommen sein"	Unbefriedigte Bedürfnisse in der Bedürfnishierarchie	Vielschichtige, situationsabhängige Bedürfnisstruktur	Komplexe, neuronal gebahnte Motivationsstruktur
Konsequenz für den Arbeitsprozess	Arbeitsprozess optimieren	Soziale Bedingungen verbessern	Handlungsspielraum und Autonomie einräumen	Komplexe Motivationsstruktur	Erfüllung neurowissenschaftlicher Grundbedürfnisse, Aktivierung eines individuell abgestimmten Belohnungssystems

Abbildung 5: Überblick der Menschenbilder

(Quelle: Peters/Ghadiri [2013], S.14)

Über die Gliederung der Arbeitspsychologie in fünf Phasen mit unterschiedlichen Menschenbildern ist man sich in der Literatur einig. Aus jedem dieser Grundtypen des Menschen ergeben sich spezifische Motivationsquellen des Handelns, die sich auch in der Arbeit niederschlagen. Der Wechsel von einer Phase in die nächste lässt sich durch ökonomische Krisen, demografische und gesellschaftliche Veränderungen sowie neue Technologien begründen.[22]

Zu Beginn dominierte das Menschenbild des *economic man*, welches hauptsächlich von dem amerikanischen Ingenieur Frederik Winslow Taylor geprägt wurde. Er sah den Mensch als maschinenähnliches Wesen, welches lediglich operative und sich wiederholende Tätigkeiten ausüben sollte. Man ging davon aus, dass der *economic man* nur ökonomische Ziele in der Arbeit verfolgt und dadurch seine Motivation durch monetäre Anreize gefördert werden kann.[23] Beim anschließen-

---

21 Vgl. Staehle [1992], S. 142.

22 Vgl. Staehle [1992], S. 143.

23 Vgl. Peters [2015], S. 6 f.

den Menschenbild des *social man* wurde der arbeitende Mensch erstmals als „soziales Wesen wahrgenommen, dem zwischenmenschliche Beziehungen wichtig sind und für den soziale Bedingungen am Arbeitsplatz einen großen Stellenwert einnehmen."[24] Das Leistungsverhalten jedes Einzelnen beruht somit nicht auf individuellem sondern auf sozialem Verhalten.[25] Die Motivationssteigerung ist bei dieser Betrachtungsweise des Menschen somit abhängig von der sozialen Zufriedenheit in einem positiven Betriebsklima. Das geschichtlich folgende Menschenbild des *self-actualising man* prägte Abraham Harold Maslow mit seinem Motivationsmodell. Dies beruht auf einer hierarchischen Bedürfnispyramide, bei der zuerst die Defizitbedürfnisse (physiologische Bedürfnisse, Sicherheitsbedürfnisse, Achtungsbedürfnisse und soziale Bedürfnisse) befriedigt sein müssen, bevor die Wachstumsbedürfnisse, welche die Selbstverwirklichung entsprechend der individuellen Fähigkeiten beinhalten, angestrebt werden können.[26] Eine größtmögliche Motivation besteht demnach, wenn alle aktuell dominanten Bedürfnisse befriedigt sind.[27]

Das geschichtlich nun folgende Menschenbild des *complex man* vereint alle vorausgegangenen Vorstellungen von Mensch und Motivation. Die eindimensionalen Motivationsgrundlagen werden zu einem komplexen Konstrukt vereint, das der Individualität jedes Menschen gerecht werden will. Der *complex man* besitzt „vielfältige, situationsabhängige und miteinander interagierende Motive. Diese vorherrschenden Bedürfnisse sind dabei abhängig von seiner persönlichen Entwicklung und der aktuellen Lebenssituation."[28] Hier spielen erstmals die soziokulturellen Einflüsse eine tragende Rolle bei der Betrachtung des Menschen hinsichtlich seiner Motivationsgrundlage. Es wird deutlich, dass die Arbeitsmotivation nicht nur von finanziellen, sozialen oder individuellen Aspekten getragen wird, sondern vielmehr ein mehrdimensionales Konstrukt darstellt. Mitarbeiter erwarten, dass ihre Bedürfnisse nach Anerkennung, Sozialkontakten und Information befriedigt werden. Ebenso wollen sie bei Partizipation, ihrer beruflichen Karriereentwicklung und bei eigenverantwortlichem Arbeiten unterstützt werden.[29]

---

[24] Peters [2015], S. 8.
[25] Vgl. Staehle [1992], S. 145.
[26] Vgl. Peters [2015], S. 9 f.
[27] Vgl. Hentze [1995], S. 33 f.
[28] Peters [2015], S. 10.
[29] Vgl. Staehle [1992], S. 145.

Das aktuelle Menschenbild des brain-directed man stellt eine Weiterführung des complex man dar. Es wird versucht, mit Hilfe der Hirnforschung die im Gehirn ablaufenden Prozesse hinsichtlich der Motivationsstruktur zu erklären. Neben den rationalen Überlegungen bestimmen auch unbewusste Handlungsmuster, Emotionen und Affekte unsere Motivlage und Handlungsweise.[30]

Bei der Betrachtung des veränderten Menschenbildes wird deutlich, dass es einen tiefgreifenden Umbruch hinsichtlich der Motivationslage in Bezug auf Arbeit gab. Die Zeit, in welcher finanzielle Anreize im Vordergrund der Arbeitsmotivation standen, ist einer Phase der komplexen Motivationsstruktur gewichen. Die Menschen suchen heute mehr denn je den Sinn ihrer Arbeit. Nur wenn sie eine Vision, also ein emotional hohes Ziel vor Augen haben, werden sie ihre gesamte Arbeitskraft einbringen.[31] Folglich hängt die Art der Mitarbeiterführung und Motivierung sowie der Blickwinkel bei der Neueinstellung maßgeblich davon ab, welches Menschenbild die Führungskraft eines Betriebes verinnerlicht hat und welche Anreize sie dem Arbeitnehmer bietet.

2.4 Technisches Umfeld

Jede neue Technik nimmt Einfluss auf das Leben jedes Einzelnen, auf die Entwicklung der gesamten Gesellschaft sowie auf die Arbeitswelt. Durch die extrem rasante Entwicklung der Informations- und Kommunikationstechnologien innerhalb der letzten Jahrzehnte fanden gravierende Veränderungen statt, die sich auf alle Bereiche des menschlichen Lebens auswirken. Die Integration dieser Technologien birgt neue Möglichkeiten der Anwendung auf den Ebenen der Produktion und der Prozesse von Wirtschaft und Gesellschaft, da sie die natürliche Beschränkung der menschlichen Informationsverarbeitungskapazität überwindet. So trägt sie zu einer Leistungserweiterung in den Bereichen Geschwindigkeit, Raum und Zeit bei. Nachfolgend werden die wichtigsten Entwicklungstendenzen in den Bereichen Kapazitätssteigerung, Mobilität, Zusammenarbeit, Integration, Offenheit, Verteilung und Globalisierung beschrieben.

Das offensichtlichste Potenzial der Technik ist die stetig ansteigende Leistungskapazität von Rechnern und Netzwerken hinsichtlich der Verarbeitungs- und Übertragungsgeschwindigkeit, das Fassungsvermögen der Speichermedien und die

---

[30] Vgl. Peters [2015], S. 11 f.
[31] Vgl. Pribilla/Reichwald/Goecke [1996], S. 10.

moderne Software. Modernste Technik mit mobilen Rechnern und ausgebauten mobilen Netzen erlaubt dem Benutzer heute einfachen Standortwechsel. Ein weiteres Potenzial der Informations- und Kommunikationstechnik findet sich im Bereich der Zusammenarbeit wieder. *Computer Cooperative Work* ist hier der Oberbegriff für alle Teilaspekte von computergesteuerter Zusammenarbeit, sei es bei der Informations- oder bei der Prozessunterstützung. In jüngster Zeit gibt es vermehrt Tendenzen der Integration, der Zusammenführung von funktionalen Eigenschaften. Systeme und Rechner werden kompatibel aufeinander abgestimmt und in heterogene Netz- und Systemlandschaften eingebaut. Das Potenzial der Offenheit bezieht sich auf offene Systeme, welche durch die Einhaltung internationaler Standards eine Gewährleistung von Interoperabilität und Portabilität von Daten, Anwendungen und Personen bietet. Der Trend zur Dezentralisierung auf Ebene der informations- und kommunikationstechnischen Infrastrukturen wird als Verteilung bezeichnet. Zentrale Strukturen bezüglich der Datenhaltung und der Funktionalität von Programmen werden zunehmend aufgelöst und somit eine Auslagerung von Daten und Funktionen auf andere Rechner erlaubt. Letztes Potenzial ist die Globalisierung, das heißt die weltweite Bereitstellung von Informationen in Form einer globalen Datenautobahn.[32]

Der beschriebene Fortschritt bei den Informations- und Kommunikationstechnologien führt - einhergehend mit den politischen und wirtschaftlichen Veränderungen - zunehmend zu verschärften Wettbewerbsbedingungen. Es findet eine wachsende Globalisierung der Informations-, Güter- und Arbeitsmärkte statt. Durch die moderne Informations- und Kommunikationstechnik wird ein weltweiter Zugang zu Märkten erreicht. Nun können auch Länder als neue Wettbewerber am internationalen Marktgeschehen teilnehmen, die bisher davon ausgeschlossen waren. So öffnete sich zum Beispiel für ostasiatische Firmen im Bereich industrieller Massengüter ein lukrativer Markt. Auch finden Unternehmen Osteuropas seit der Öffnung der Grenzen Zugang zum Weltmarkt und können ihre Produkte, die zu erheblich geringeren Kosten hergestellt werden, dank der modernen Informations- und Kommunikationstechnik vertreiben.[33] Durch diese neue Teilhabe von bisher nicht berücksichtigten Regionen und Schwellenländern wie China, Indien, Brasilien, Mexiko und Südafrika am globalen Handel entsteht ein erhöhter

---

[32] Vgl. Picot/Reichwald/Wigand [1996], S. 136 ff.
[33] Vgl. Pribilla/Reichwald/Goecke [1996], S. 2 f.

Konkurrenzdruck auf alle Unternehmen. Der Trend von lokaler Nachfrage an Produkten hin zu einer globalen Nachfrage steigt stetig an.

Die moderne Informations- und Kommunikationstechnologie verändert somit einerseits den globalen Handel und verschärft die Wettbewerbsbedingungen. Der Erfolg eines Unternehmens hängt folglich davon ab, ob es ihm gelingt, auf die Herausforderungen der veränderten Marktbedingungen zu reagieren und Veränderungen in allen Bereichen durchzuführen. Hierzu müssen bestehende Strategien, Organisationsformen, Systeme, Unternehmenskulturen, Mitarbeiterführung und Wertvorstellungen überdacht und angepasst werden. Die neuen Technologien, welche die Veränderungen auf dem Weltmarkt hervorgerufen haben, bieten jedoch andererseits auch Gestaltungsfelder für neue Formen der arbeitsteiligen Leistungserstellung. Neue Kooperationsformen wie Teamkonzepte, Gruppenarbeit, Telearbeit, Arbeit in mobilen Büros oder eine Dezentralisierung der Arbeitsplätze, modulare Organisationen oder virtuelle Unternehmen werden möglich.[34] So können Unternehmen mit Hilfe der modernen Techniken den neuen Ansprüchen von Wirtschaft sowie dem veränderten Wertesystem gerecht werden. Die neuen Techniken sind hier „die Instrumente, mit deren Hilfe der notwendige organisatorische Wandel vollzogen wird"[35] und dienen als Grundvoraussetzung für die erfolgreiche Umstrukturierung zu einer flexiblen und anpassungsfähigen Organisation.

Bei der Darstellung der Veränderungen in der Makroumwelt wurde deutlich, dass es für moderne Unternehmen unabdingbar ist, sich auf diese Gegebenheiten einzustellen, um weiter wettbewerbsfähig bleiben zu können. Herkömmliche Vorstellungen über die Konstruktion und das Funktionieren von Unternehmen müssen neu überdacht werden. Es wird in Zukunft immer seltener vorkommen, dass Unternehmen „als gegenüber der Umwelt relativ gut abgrenzbare, dauerhafte, integrierte und raum-zeitlich klar definierte Gebilde"[36] aufzufassen sind. Es werden organisatorische Innovationen nötig sein, die neue Konzeptionen wirtschaftlicher Arbeitsteilung zulassen. Flexible Hierarchien, die mit den neuesten Informations- und Kommunikationstechnologien arbeiten, sind zukunftsweisend. Doch der Erfolg eines jeden Unternehmens ist vorrangig von den Mitarbeitern abhängig. Es

---

[34] Vgl. Pribilla/Reichwald/Goecke [1996], S. 4.
[35] Picot/Reichwald/Wigand [1996], S. 57.
[36] Picot/Reichwald/Wigand [1996], S. 7.

werden innovativ denkende, engagierte Mitarbeiter benötigt, die ihr gesamtes Potential einbringen. In den folgenden Ausführungen wird ein Konzept vorgestellt, welches dazu dient, solche Mitunternehmer zu fördern und so das Unternehmen in Zeiten der Globalisierung wettbewerbsfähig zu halten. Dazu werden alle Erfolgsfaktoren eines Unternehmens auf den Prüfstand gestellt und hinsichtlich dieses Konzeptes analysiert.

3 Intrapreneurship als Ziel eines modernen Unternehmens

Das Zeitalter des Wissens und der Globalisierung ist geprägt durch das zunehmende Streben der Arbeitnehmer nach Individualisierung und Autonomie sowie durch Veränderungen in nahezu allen Bereichen der Makroumwelt. Da Unternehmen stark durch den stetigen Wandel und die Instabilität der Umwelt beeinflusst werden, ist ein Umdenken von deren Seite notwendig. Einer der wichtigsten Aspekte dieser Veränderungen ist der erhöhte Wettbewerbsdruck, welcher sich durch die Globalisierung der Märkte gesteigert hat. Durch den daraus resultierenden Abbau von Markteintrittsbarrieren, wodurch alle Länder am Wettbewerb beteiligt sein können, ist ein stetiger Anstieg an neuen Wettbewerbern und Substitutionsgütern erkennbar. Diese Entwicklung wiederum führt zu einem steigenden Kostendruck auf Unternehmen sowie reduzierten Produktlebenszyklen. Als weiterer Aspekt kommt hinzu, dass durch Innovationen in der Informations- und Kommunikationstechnik das Wissen und die Gedanken der Menschen schneller übermittelt werden können. Die daraus resultierende, viel diskutierte Marktdynamik spielt ebenfalls eine gravierende Rolle, da durch Forschung und Entwicklung sehr schnell radikale Innovationen entstehen können und diese durch die Globalisierung in kürzester Zeit auf verschiedensten Märkten angewandt werden können.[37] Daher kristallisierten sich Innovationsfähigkeit und Schnelligkeit als wichtigste Aspekte heraus, um auf dem Markt effizient bestehen zu können. Um dies im Unternehmen umzusetzen, werden unternehmerisch handelnde und denkende Mitarbeiter benötigt, welche sich vermehrt für das Unternehmen einsetzen.

Die folgende SWOT Analyse zeigt die Stärken und Schwächen eines Mitunternehmertums im Unternehmen sowie die Chancen und Risiken der heutigen Makroumwelt, welche Auswirkungen auf Intrapreneurship haben, auf. Dadurch wird deutlich, dass das Intrapreneurship-Konzept ein äußerst geeignetes Instrument darstellt, um seine Mitarbeiter zu Zeiten des Wandels zu fördern.

---

[37] Vgl. Neugebauer [1997], S. 1 ff.

Abbildung 6: SWOT-Analyse

(Quelle: Eigene Darstellung)

Innovationsfähigkeit und Geschwindigkeit bei der Reaktion auf Marktveränderungen sind die bedeutendsten Stärken eines Unternehmens, welches nach dem Intrapreneurship-Konzept arbeitet. Denn durch die außergewöhnlich aktive Mitarbeit des Intrapreneurs im Unternehmen und seine unternehmerisch handelnde und denkende Art wird die Innovationskraft und Reaktionsgeschwindigkeit des Unternehmens langfristig gesichert und auch die Wettbewerbsfähigkeit in Zeiten der Globalisierung und Innovationsdynamik verbessert. Des Weiteren beeinflusst die Globalisierung trotz diverser Risiken für die Unternehmen die Umsetzung des Intrapreneurship-Konzeptes positiv, da erst durch diese die Notwendigkeit von Intrapreneurship entstanden ist.

3.1 Begriffsabgrenzung

Der Begriff Intrapreneurship wurde erstmals 1980 von Giffort Pinchot entwickelt. Pinchot bildete aus den Worten *intracorporate* und *entrepreneur* einen Neologismus, indem er durch das Präfix *intra* und dem Begriff *entrepreneur* die Verbindung Intrapreneurship herstellte. Dies bedeutet, dass alle Mitarbeiter so handeln und denken sollen, als wäre es ihr eigenes Unternehmen. Dabei soll das Präfix *intra* zur Verstärkung dienen, dass die Mitunternehmer im Unternehmen handeln.[38] In Deutschland wird Intrapreneurship mit Begriffen wie Mitunternehmertum oder internes Unternehmertum gleichgesetzt. Eine allgemeine Definition für Intrapreneurship ist in der wissenschaftlichen Literatur nicht bekannt. Daher wird im Folgenden ein Überblick über gängige Definitionen gegeben.

Nach Bitzer ist Intrapreneurship

> „ein Konzept zur Förderung unternehmerischen Verhaltens auf allen Ebenen einer bestehenden, großen Organisation, welches zum Ziel hat, Innovationen zu stimulieren und zu realisieren, sowie der sinnentleerten und neuerungsfeindlichen Atmosphäre am Arbeitsplatz entgegenzuwirken."[39]

Häfelfinger definiert Intrapreneurship als „eine Methode, um bürokratische Strukturen aufzubrechen und das unausgeschöpfte Ideen- und Leistungspotential von Mitarbeitern zu aktivieren."[40] In dieser Arbeit wird mithilfe einer Verbindung aus den zahlreichen Definitionen eine Arbeitsdefinition abgeleitet.

Ein Intrapreneur ist ein unternehmerisch handelnder und denkender Mitarbeiter, welcher sowohl auf der Führungsebene auftreten kann, als auch als Mitarbeiter. Durch sein innovatives Verhalten steigert er die Wettbewerbsfähigkeit sowie die Effizienz des Unternehmens und fördert zeitgleich seine eigene Karriere. Während es die Aufgabe des Unternehmens ist, zuerst die Rahmenbedingungen für eine freie Entfaltung von Intrapreneurship herzustellen, liegt es danach an den jeweiligen Mitarbeitern selbst, ihren Entwicklungsprozess zu fördern. Daher entwickelte Pinchot 1988 zehn Leitsätze, nach denen ein Intrapreneur handeln sollte, welche in der folgenden Übersicht dargestellt werden.

---

[38] Vgl. Neuberger [2002], S. 212 f.

[39] Bitzer [1991], S. 17.

[40] Häfelfinger [1990], S. 31.

1. Come to work each day willing to be fired.

2. Circumvent any orders aimed at stopping your dream.

3. Do any job needed to make your project work, regardless of your job description.

4. Find people to help you.

5. Follow your intuition about the people you choose, and work only with the best.

6. Work underground as long as you can publicity triggers the corporate immune mechanism.

7. Never bet on a race unless you are running in it.

8. Remember it is easier to ask forgiveness than to ask permission.

9. Be true to your goals, but realistic about the ways to achieve them.

10. Honor your sponsors.

Abbildung 7: Intrapreneur's 10 commandments

(Quelle: Eigene Darstellung in Anlehnung an Leclerc [o. J.], o. S.)

Durch die verstärkte Individualisierung im Zuge des vorherrschenden Wertewandels sind diese Leitsätze heutzutage jedoch schwer umzusetzen. Daher hat Rolf Wunderer im Jahr 2007 diese erweitert und an die heutigen Rahmenbedingungen angepasst. Nach Wunderer spielen Aspekte wie Teamarbeit und Identifikation mit der Arbeit heute eine größere Rolle, damit ein Mitarbeiter ein mitunternehmerisches Verhalten zeigt. Die nachfolgende Auflistung zeigt die sieben neuen Leitsätze nach Wunderer auf.

1. Arbeite auf Dauer nur für Aufgaben, Organisationen und mit Menschen, mit denen du dich insgesamt identifizieren kannst.

2. Komme zur Arbeit mit der Bereitschaft, dich freiwillig zu engagieren und zu verpflichten.

3. Verstehe Probleme als Herausforderung und weniger als Bedrohung.

4. Versuche ständig, bessere Problemlösungen in deiner Arbeit zu entwickeln. Verbessere dabei auch deine mitunternehmerischen Schlüsselkompetenzen sowie die deines Teams.

5. Konzentriere dich auf Ergebnisse, insbesondere auf die Wertschöpfung für deine Bezugsgruppen statt auf Inputs.

6. Setze deine Ziele im Rahmen des Handlungsspielraums möglichst eigenständig und selbstverantwortlich, aber strategie- und teamorientiert um.

7. Arbeite langfristig kooperativ mit anderen Beteiligten zusammen. Verhalte dich dabei so, wie du selbst gerne behandelt werden möchtest.

Abbildung 8: Verhaltens- und Entwicklungsleitsätze für Mitarbeiter als Mitunternehmer

(Quelle: Eigene Darstellung in Anlehnung an Wunderer [2007], S. 90)

Dabei wird nochmals deutlich, dass ein Intrapreneur ein eigenständig und verantwortlich denkender Mitarbeiter ist, welcher dennoch teamorientiert handelt. Da diese Bereitschaft auf freiwilligem Engagement basiert, stellt ein Intrapreneur auf langfristige Sicht gesehen einen hohen innovativen Wert für das Unternehmen dar.

3.2 Voraussetzungen zur Implementierung des Intrapreneurship-Konzepts

Grundsätzlich beziehen sich das Konzept des Intrapreneurship und die daraus entstandenen Innovationen nicht nur auf Modelle für Großunternehmen, sondern auch auf kleine und mittlere Unternehmen (KMU). Zu diesem Thema wurde vom Entrepreneurship Lehrstuhl der Universität Wien eine Analyse der KMU durchgeführt. Diese „Analyse der Top 100 des deutschen Mittelstands (...) zeigt, dass auch hier bereits 55% des Umsatzes und 59% des Gewinns durch Produkte erfolgen, die jünger als drei Jahre alt sind."[41]

3.2.1 Marktprinzip

Um die Voraussetzungen für die Entstehung von Intrapreneurship im Unternehmen zu gewährleisten, ist es notwendig, neben dem Hierarchieprinzip ein Marktprinzip einzuführen. Das Hierarchieprinzip bildet die Grundlage jedes Unternehmens, da alle Mitarbeiter in einer bestehenden Organisation agieren. Oftmals wird eine Idee durch den hierarchischen Entscheidungsprozess verworfen, bevor sie zum Vorstand gelangen kann. Durch das Marktprinzip wird dieses Konzept innovativ erweitert, wodurch die Mitarbeiter befähigt werden, aktiv und selbstständig zu denken und zu handeln. Dieses Marktprinzip gliedert sich in den Markt für Kapital, Ideen und Talente auf. Alle drei Faktoren sind erfahrungsgemäß in jedem Unternehmen vorhanden, kommen aber häufig nicht zur Entfaltung, da die Hierarchieebene dies verhindert.

Erste Hindernisse zur Entfaltung von Intrapreneurship zeigen sich auf dem Markt für Kapital im Unternehmen. In zahlreichen Unternehmen wird das Budget für die verschiedenen Abteilungen anhand der Vorperiode oder der hierarchischen Position vergeben. Aus Angst vor Verlusten wird Kapital für eine Idee häufig nur gestellt, wenn der Markt für das Produkt oder die Dienstleistung groß genug ist. Da

---

[41] Franke [2004], S. 4.

aber radikale Innovationen meist einen neuen Markt schaffen und sich nicht auf bestehenden Märkten eingliedern, kommt es hier häufig zu Barrikaden bei der Umsetzung. Durch diese Risikoaversion wird Kapital zahlreich in sichere Tätigkeiten investiert und bremst das Innovationspotential der Mitarbeiter. Als Vorreiter für riskioaffine Kapitalgeber gelten *Business Angels* und *Venture Capitalists*. Diese investieren in mögliche Chancen und beziehen das mögliche Risiko wenig in ihre Entscheidung mit ein. An diese Idee angelehnt kann nach dem Intrapreneurship-Konzept ein weiteres Finanzierungsinstrument eingeführt werden, um das Marktprinzip im Unternehmen erfolgreich zu implementieren. Dabei wird ein internes *Venture Capital* eingeführt, welches ausschließlich dem Zweck dient, innovative Ideen zu fördern. Dieses Kapital ist für alle Mitarbeiter frei verfügbar und wird durch *interne Venture Capitalists*, je nach Umsetzbarkeit der Idee, vergeben.[42]

Zweite Voraussetzung zur Einführung des Intrapreneurship-Konzeptes ist es, einen Markt für Ideen zu schaffen. Dieses Konzept führt in einigen Unternehmen zu erheblichen Schwierigkeiten. Durch die Hierarchie ist es vielen Mitarbeitern nicht möglich ihre Ideen zu verwirklichen, da die Idee häufig nicht bis an die oberste Ebene der Hierarchie gelangt oder sie Angst davor haben, dass ihre Idee nicht ernst genug genommen wird. Oftmals ist der zweite Punkt eine Frage des Führungsstils, da Mitarbeiter häufig nicht dazu ermutigt werden Risiken einzugehen und das Anreizsystem darauf ausgelegt ist, nach Konformismus zu streben. Dadurch stagniert der Anreiz der Mitarbeiter innovativ zu denken. Durch das Intrapreneurship-Konzept wird ein neuer Markt für Ideen im Unternehmen geschaffen. Eine Einführung von Ideenwettbewerben oder Erfolgsbeteiligungen sind nur einige Schlagworte, die dabei unterstützend wirken können.[43]

Der dritte und wichtigste Markt um Intrapreneurship dauerhaft zu implementieren ist der Markt für Talent. Die wichtigsten Kapazitäten in jedem Unternehmen sind die Mitarbeiter. Häufig kommt es vor, dass Mitarbeiter nicht richtig gefördert werden, damit sie das Unternehmen nicht verlassen. Eine aktuelle Studie des Gallup Instituts zur Arbeitszufriedenheit 2001 - 2014 in Deutschland ergab, dass lediglich jeder siebte Arbeitnehmer engagiert und mit emotionaler Begeisterung

---

[42]   Vgl. Franke [2004], S. 6.
[43]   Vgl. Franke [2004], S. 5 ff.

seiner Arbeit nachgeht. Nachfolgende Grafik zeigt die Veränderungen des Engagements zwischen 2001 und 2014.

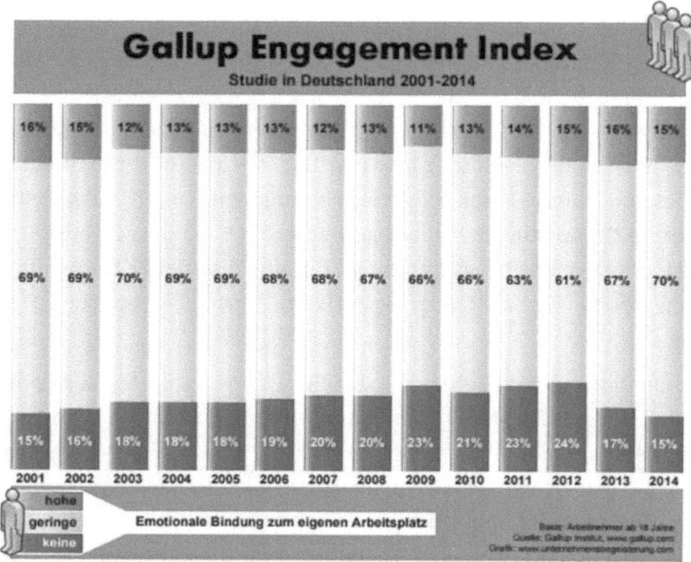

Abbildung 9: Gallup Engagement Index

(Quelle: Gallup GmbH [2015], S. 1)

„70 Prozent der Beschäftigten in Deutschland verspüren, auf das Jahr 2014 bezogen, keine echte Verpflichtung ihrer Arbeit gegenüber, sind ‚unengagiert', 15 Prozent sogar ‚aktiv unengagiert', d.h. sie zeigen unerwünschtes Verhalten, das zu Lasten der Leistungs- und Wettbewerbsfähigkeit der Unternehmen geht."[44]

Dieses Ergebnis erhöht die Dringlichkeit eines Wandels in Organisationen. Zahlreiche neue Mitarbeiter treten enthusiastisch ihre neue Stelle im Unternehmen an und werden durch die Hierarchien und den daran orientierten Führungsstil demotiviert. Machtlosigkeit, Absentismus und innere Kündigung sind die Folgen. Dahingehend ist ein Markt für Talent im Unternehmen, an welchem sich das Intrapreneurship stark orientiert, unerlässlich. Das Grundprinzip dieser Talentförderung liegt darin, diese nach eigener Qualifikation weiterzuentwickeln, sie in

---

[44] Gallup GmbH [2015], S. 1.

jeglichen Bereichen des Unternehmens einzusetzen und einen sprunghaften Aufstieg zu fördern. Das Ziel ist es, die Mitarbeiter aufgrund ihrer persönlichen Talente zu fördern und zu unterstützen.

> „We can't make people into entrepreneurs, if they don't have the basic drive, energy, and strong sense of what it takes to run a business. But give me someone who has those basic skills, and we make him into a much better entrepreneur."[45]

Dieses Statement von Bill Bygrave macht deutlich, dass ein Mitarbeiter um ein Intrapreneur zu werden neben den grundsätzlichen *hard skills*, wie fachliche und wissenschaftliche Ausbildung, auch einige *soft skills* verkörpern muss. Damit ein Mitarbeiter erfolgreich unternehmerisch denken und handeln kann, ist es nötig, die drei *soft skills* Denken, Fühlen und Handeln in Einklang zu bringen und dadurch als einheitliche Persönlichkeit aufzutreten. Diese drei *soft skills* werden durch jeweils vier Merkmale definiert, welche allesamt überdurchschnittlich ausgeprägt sein sollten, um den Unternehmenserfolg langfristig zu maximieren. Die erste Bewusstseinsebene im Persönlichkeitsprofil des Intrapreneurs ist das Fühlen, welche aus Einfühlungsvermögen, Entwicklungsmotivation, intrinsischer Motivation und Selbstbewusstsein besteht. Während Einfühlungsvermögen bedeutet, dass man sich empathisch in andere Personen hineinversetzen kann, zeichnet sich die Entwicklungsmotivation durch den Willen aus, lebenslang zu lernen und seine Persönlichkeit an Veränderungen im Umfeld anzupassen. Des Weiteren wird diese Ebene von der intrinsischen Motivation, welche die Motivation darstellt, die aus dem Inneren von einem selbst kommt, maßgeblich beeinflusst. Die letzte und eine äußerst bedeutende Ebene des Fühlens ist das Selbstbewusstsein des Mitarbeiters. Ein selbstbewusster Mitarbeiter hat die Fähigkeit, Aufgaben eigenständig zu lösen und zu präsentieren, lässt sich von Konkurrenz nicht verunsichern und wird von Misserfolgen zusätzlich motiviert. Das Denken, welches die zweite Bewusstseinsebene bildet, besteht aus Erfolgsmotivation, ganzheitlichem Denken, Kreativitätsorientierung und Risikoorientierung. Die Erfolgsmotivation zeigt auf, wie sehr ein Mitarbeiter Erfolge anstrebt, was er bereit ist dafür zu geben und wie seine grundlegende Einstellung zur Leistungserbringung ist. Um ein erfolgreicher Intrapreneur zu werden, muss der Mitarbeiter die Fähigkeit besitzen über den Tellerrand zu blicken und dadurch ein ganzheitliches Denken zu entwickeln. Dies bedeutet, dass der Mitarbeiter selbstständig Zusammenhänge erkennt, voraus-

---

[45] Rep [2004], S. 16.

schauend Lösungen entwickelt und diese auch bei negativen Konsequenzen vertritt. Ein weiterer bedeutender Punkt ist die Kreativitätsorientierung der Mitarbeiter. Dies bedeutet, dass es dem Mitarbeiter Freude bereitet innovativ zu sein und sich frei zu entfalten, wodurch Intrapreneurship erst entstehen kann. Der letzte Aspekt ist die Risikoorientierung. Dieser drückt die Notwendigkeit aus, dass der Mitarbeiter das vorliegende Risiko seiner Handlung vor einer Aktion abschätzt und auch danach vertreten kann, da jede Handlung mit Risiko verbunden ist. Die dritte Bewusstseinsebene ist die des Handelns. Bei dieser wird zwischen Entscheidungsfähigkeit, Konfliktbereitschaft, Kooperationsbereitschaft und Umsetzungsorientierung unterschieden. Eine ausgeprägte Entscheidungsfähigkeit ist für einen Intrapreneur unentbehrlich. Neben einer effektiven Informationssammlung und Strukturierung muss der Mitarbeiter schnell und gleichzeitig effektiv Entscheidungen treffen und die gewählte Alternative entschlossen umsetzen. Vor allem bei der Informationssammlung treten häufig Konflikte auf. Daher ist eine weitere Eigenschaft eines Intrapreneurs Konfliktbereitschaft, was bedeutet, dass der Mitarbeiter seine eigene Meinung vertreten sowie durchsetzen kann und keine Befangenheit vor Auseinandersetzungen haben sollte. Ein hohes Maß an Kooperationsbereitschaft befähigt einen Intrapreneur zum Arbeiten im Team. Dadurch steigert sich die Effektivität bei der Entscheidungsfindung und der Zusammenhalt wird gestärkt. Um den Unternehmenserfolg langfristig zu steigern, ist eine hohe Ausprägung der Fähigkeit zur Umsetzungsorientierung von großer Bedeutung. Dabei wird betrachtet, wie zeitnah und zielstrebig der Mitarbeiter seine Idee umsetzt.

Das Persönlichkeitsprofil eines Intrapreneurs wird in der nachfolgenden Abbildung beispielhaft veranschaulicht.[46]

---

[46] Vgl. Rep [2004], S. 16 ff.

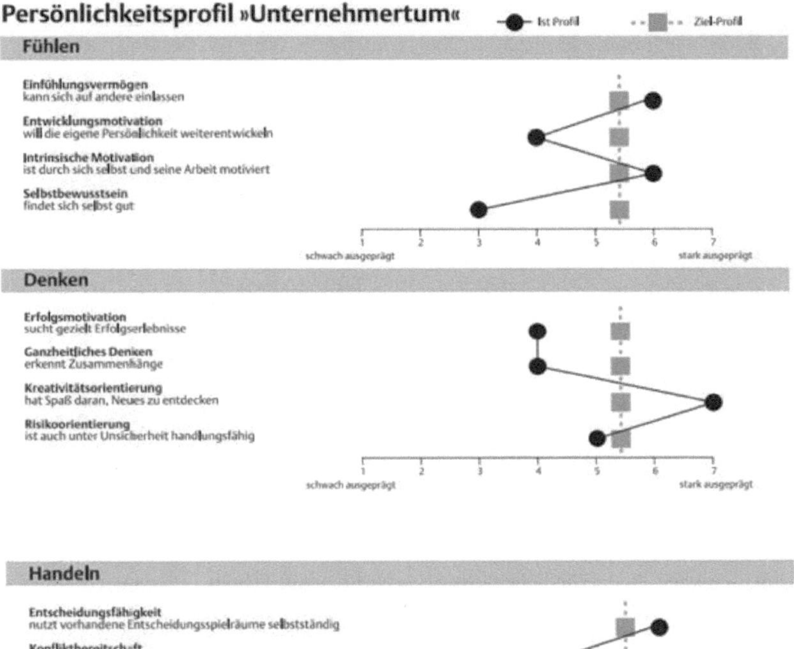

Abbildung 10: Die drei Bewusstseinsebenen des Menschen

(Quelle: Rep [2004], S. 16)

Während das Ist-Profil durch Assessment Center und Vorgesetztenbeurteilungen ermittelt werden kann, muss das Ziel-Profil sehr individuell bestimmt werden und dahingehend ein zielgerichtetes Förderungsinstrument je nach Ausprägung der Bewusstseinsebene des Intrapreneurs gebildet werden.

3.2.2 Empowerment

Empowerment stammt von dem englischen Wort *to empower* ab, was übersetzt jemanden ermächtigen bedeutet. Dieses neue Konzept zielt darauf ab, dass für Mitarbeiter mehr kreative Freiräume geschaffen werden. In der Literatur gibt es noch keine eindeutige Definition zu dem Empowerment-Konzept. Bowen und Lawler definieren Empowerment als Geisteszustand, in dem Macht, Information, Wissen und Belohnung gleiche Priorität haben. Daher lassen sich diese vier Aspekte multiplikativ zusammensetzen und führen dadurch zum Entstehen von Empowerment.[47] Der Aspekt Macht soll die Entscheidungsfreiheit der Mitarbeiter darstellen und somit auch deren steigende Verantwortung, während Information den möglich gemachten Zugang zu allen Informationen für jeden im Unternehmen bedeutet. Um den Zustand des Wissens zu erreichen muss gewährleistet werden, dass alle Mitarbeiter die Zusammenhänge im Unternehmen verstehen und so zum Erfolg beitragen können. Durch die Belohnung wird ein adäquates Anreizsystem für vollendete Ergebnisse zur Verfügung gestellt, welches das Unternehmen individuell anpassen kann.[48] Des Weiteren kann Empowerment als

> „befreit von den Fesseln der Vorschriften und Fremdkontrollen, der Reduktion auf penible abgegrenzte Verantwortungsgebiete, abgenabelt von der alle Fehlerverzeihenden und tragenden Mutter Organisation, wird der oder die einzelne endlich erwachsen, selbstbewusst und selbstverantwortlich und entdeckt in sich ungeahnte Potenziale und Kräfte,"[49]

beschrieben werden. Durch diese Definition wird deutlich, dass dieses Konzept als Grundlage für erfolgreiches Intrapreneurship unabdingbar ist. Damit ein Mitunternehmertum im Unternehmen entstehen kann, müssen Freiräume für Ideen geschaffen werden. Daher kann Empowerment als Weitergabe von Verantwortung und Entscheidungsbefugnis von Vorgesetzten an Mitarbeiter gesehen werden. Um Empowerment erfolgreich im Unternehmen umsetzten zu können, müssen einige Voraussetzungen erfüllt sein, wie etwa ein angepasster Führungsstil mit weniger Vorschriften und flache Hierarchien. Da das Selbstbewusstsein und die Motivation der Mitarbeiter durch die gesteigerte Verantwortung wachsen,

---

[47] Vgl. Bowen/Lawler [1995], S. 74.

[48] Vgl. Kantsberger [2001], S. 11.

[49] Neuberger [2002], S. 214.

können Führungskräfte entlastet werden und Hierarchien abgebaut werden. Zusätzlich entstehen durch den Abbau von Bürokratie mehr Flexibilität und Transparenz. Durch die gestiegene Motivation setzten sich die Mitarbeiter mehr für das Unternehmen ein und fördern dadurch Intrapreneurship. Somit soll durch Empowerment im Unternehmen ein Mitunternehmertum entstehen.

3.2.3 Commitment

Eine weitere Grundvoraussetzung für die erfolgreiche Implementierung von Intrapreneurship ist das Commitment. Einerseits werden durch Empowerment kreative Freiräume in Führung und Organisation geschaffen, andererseits braucht dieses Konzept zur Entfaltung eine andere Komponente, die der freiwilligen Verpflichtung der Mitarbeiter, welche als Commitment bezeichnet wird. Dieses

> „verweist auf eine besondere Bindung und freiwillige Selbstverpflichtung – damit auch auf moralische Grundwerte – des Organisationsmitglieds an seine Organisation. [...] Commitment ist durch eine hohe Übereinstimmung zwischen den Werten des Unternehmens und Individuums sowie durch starke emotionale und normative Verbundenheit mit der Organisation bestimmt."[50]

Häufig orientieren sich Mitarbeiter jedoch nicht an den Zielen des Unternehmens, sondern an ihren eigenen Werten und Bedürfnissen. Daher ist es notwendig ein Commitment aufzubauen, um Intrapreneurship zu fördern. Durch diese Verschiebung von der äußeren zur inneren Kontrolle hat der Mitarbeiter die Chance, sich mit seinem Unternehmen zu identifizieren. Dies kann durch eine Veränderung der Anreizsysteme, indem positives Verhalten belohnt und negatives sanktioniert wird, geschehen oder durch eine Veränderung der Unternehmenskultur erreicht werden. Sobald in einem Unternehmen eine Kultur herrscht, mit der sich alle Mitarbeiter identifizieren können, kann eine innere Kontrolle aufgebaut werden. Durch diese Kultur kann ein Verhaltenskodex gebildet werden, der Werte und Normen vermittelt.[51] Hauptziel ist es, durch Commitment die Leistungsbereitschaft der Mitarbeiter und die Arbeitsplatzzufriedenheit zu steigern. Dadurch werden die Fluktuation und der Absentismus gesenkt, was wiederum zu Kosteneinsparungen führt. Alles in allem schafft die Kombination aus Empowerment

---

[50] Wunderer [2007], S. 611.
[51] Vgl. Kuhn [2000], S. 113 ff.

und Commitment eine Rahmenbedingung im Unternehmen, in der sich Intrapreneurship frei entfalten kann.

3.3 Sieben Aspekte für den Unternehmenserfolg

Um das Marktprinzip, Empowerment sowie Commitment und dadurch Intrapreneurship erfolgreich umsetzen zu können, muss eine grundlegende Veränderung in allen Bereichen des Unternehmens erfolgen. Dabei kristallisieren sich sieben Bereiche heraus, welche durch bestimmte Methoden Intrapreneurship entstehen lassen und fördern können. Diese sieben Aspekte, welche den Unternehmenserfolg nachhaltig beeinflussen, lassen sich in harte und weiche S' unterscheiden. Es handelt sich dabei um das 7-S-Modell von Tom Peters und Robert Waterman, welches auf der Erkenntnis beruht, dass ein Unternehmen nicht nur durch eine bloße Struktur gekennzeichnet ist, sondern durch sechs weitere Elemente stark beeinflusst wird. Die harten Elemente sind eher handfest und visuell darstellbar, wie zum Beispiel durch Pläne, Papiere und die Aufbau- und Ablauforganisation. Darunter fallen die Aspekte Strategie *(strategy)*, Struktur *(structure)* und Systeme *(systems)*. Dagegen sind die weichen Elemente weniger greifbar und schwer zu planen. Zusätzlich sind diese stark von Personen geprägt und für Außenstehende oft nicht sichtbar. Dabei wird von Unternehmenskultur *(style/culture)*, Mitarbeitern *(staff)*, Fähigkeiten *(skills)* und der Vision *(shared values)* gesprochen, welche zusammen den Unternehmensmehrwert bei der Bilanzierung bilden. Die nachfolgende Grafik stellt die sieben Faktoren des Unternehmenserfolges nochmals dar.[52]

---

[52] Vgl. Waterman/Peters/Phillips [1980], S. 17 ff.

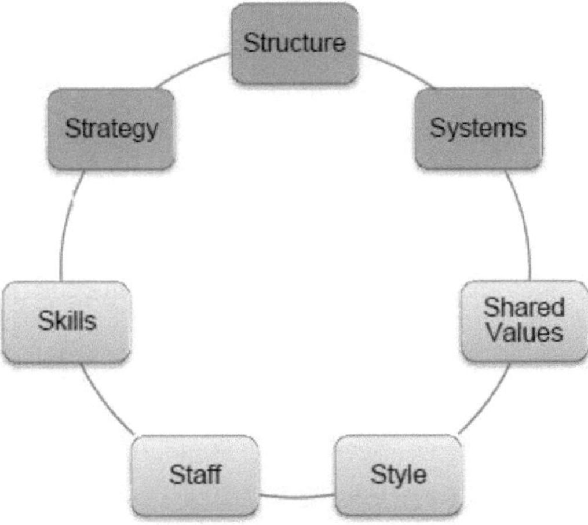

Abbildung 11: 7-S-Modell

(Quelle: Eigene Darstellung)

Stehen diese Elemente in einer ausgewogenen Balance, wird die Innovationskraft und Effizienz des Unternehmens in höchstem Maße verstärkt. Anhand der sieben Kriterien wird in dieser Arbeit für jedes Element ein Konzept entwickelt das aufzeigt, wie Intrapreneurship im Unternehmen entstehen und gefördert werden kann.

3.3.1 Strategie

Das Konzept der *generic strategies* wurde von Michael Porter in den 80er Jahren nachhaltig geprägt. Dabei stellt er drei Strategien in den Mittelpunkt, welche zu einem beachtlichen Wettbewerbsvorteil führen. Einerseits geht es dabei um Kostenführerschaft, andererseits um Differenzierung oder die Konzentration auf einen Schwerpunkt. Die strikte Festlegung auf eine der Strategien ist dabei unabdingbar, da das Unternehmen sonst im Mittel hängen bleibt (*stuck in the middle*). Während die Kostenführerschaft auf das Senken der Preise und Kosten bedacht ist, geht es bei der Differenzierung darum, sich von der Konkurrenz abzuheben. Des Weiteren wird bei der Konzentration auf Schwerpunkte ein eingeschränktes Geschäftsfeld gewählt und dort zwischen Kostenführerschaft und Differenzierung favorisiert.[53] Früher, als es noch weniger Konkurrenz auf dem Markt gab, konnten Unternehmen mit einer *me-to* Strategie auf dem Markt bestehen. Durch den steigenden Wettbewerbsdruck des 21. Jahrhunderts verlagerte sich der Schwerpunkt der Strategiebildung jedoch auf die Differenzierung. Innovationsfähigkeit kristallisierte sich als effektivster und effizientester Weg heraus, um Wettbewerbsvorteile zu generieren. Grundsätzlich gibt es keine universelle Strategie, die für jedes Unternehmen angewandt wird. Diese muss für jedes Unternehmen individuell aufgrund der derzeitigen Umweltfaktoren und der Lage des Unternehmens gebildet werden. Porter entwickelt daraufhin drei fundamentale Prinzipien, die eine wettbewerbsfähige Strategie ausmachen. „It's not just a matter of being better at what you do – it's a matter of being different at what you do."[54] Dieses erste Prinzip besagt, dass sich die Anforderungen an den Standard erhöhen, je mehr Unternehmen ihren Fokus darauf legen. Dies hat zur Folge, dass kein Unternehmen die Chance hat sich, von der Konkurrenz abzusetzen. Eine wettbewerbsfähige Strategie zielt nicht nur darauf ab sich zu differieren, sondern auch die Marktführerschaft nachhaltig zu sichern. Das zweite Prinzip sagt aus, dass eine gute Strategie das Unternehmen durch eine einzigartige Stellung von der Konkurrenz abhebt. Da nicht der ganze Markt von einem Unternehmen bedient werden kann, ist es nötig festzulegen, welche bestimmte Zielgruppe mit welchem speziellen Wert beliefert werden soll. Daher fordert die Strategie Entscheidungen. Im dritten Prinzip wird erläutert, dass bloße Differenzierung nicht ausreicht um Marktführer zu bleiben. Um sich vor Imitaten zu schützen sind *trade-offs* von großer strategischer Bedeutung, da sonst keine Nachhaltigkeit der strategischen Position gewährleistet werden kann. *Trade-offs* entstehen, wenn mehrere Aktivitäten des Unternehmens inkompatibel sind und daher Entscheidungen getroffen werden müssen. Das konstitutive Ziel ist es, die Strategien den Wendungen der Globalisierung anzupassen. Um neue Erkenntnisse zu entwickeln ist es daher notwendig, das Ziel des Unternehmens auf das Lernen der Mitarbeiter auszurichten, welches vergleichbar mit dem Lernen an Universitäten von statten geht. Zusätzlich kreiert das Unternehmen eine Umgebung, in welcher die Mitarbeiter Veränderungen nicht fürchten, sondern diese erwarten und zugleich den Mut aufbringen, ihre eigenen Produkte zu verändern und auszuschöpfen. Zugleich obliegt es dem gesamten Unterneh-

---

[53] Vgl. Porter [2007], S. 253 ff.
[54] Porter [2006], S. 267.

men, im Einklang mit dieser Strategie stehen.[55] Durch die starke Fokussierung der neuen Strategieentwicklung auf den Innovationsfaktor kristallisierten sich diese in der Anwendung als außerordentlich Intrapreneurship fördernd heraus.

3.3.2 Struktur

„Organizations have to be the mirrors of our societies."[56]

Grundsätzlich ist es Ziel jeder Organisationsform, das Verhalten und die Leistung der Unternehmensmitglieder im Hinblick auf die Organisationsziele zu steuern. Auch hier lässt sich durch die Veränderungen des 21. Jahrhunderts in Wirtschaft und Gesellschaft ein Wandel beobachten, wobei die strengen Hierarchien der traditionellen Organisationsformen zu modernen Organisationsformen reorganisiert wurden. Zu Beginn der Entstehung von Organisationsformen wurde die hierarchische Organisation entwickelt, welche die klassische Struktur eines Industrieunternehmens darstellte. Zu dieser Zeit gab es geringe Marktunsicherheiten und die Produkte zeichneten sich durch lange Lebenszyklen und wenig Komplexität aus. Daher war bis in die 80er Jahre der Erfolg vieler Unternehmen durch Begriffe wie economies of scale und Kostenführerschaft geprägt. Der effizienteste Weg um diese Ziele zu erreichen waren strenge Hierarchien mit tayloristischer Arbeitsorganisation für die Herstellung von Massenprodukten. Die Hierarchien waren geprägt von einem Rollenverständnis, bei welchem die Kommunikation zwischen Führungsperson und Mitarbeiter nach klaren Regeln über die Hierarchiestufen verläuft.[57] Um traditionelle formale Organisationen zu bilden sind zwei Prinzipien von Bedeutung. Das erste Prinzip betrifft die Art der Zentralisierung, wobei manche Unternehmen auf der zweiten Ebene nach Verrichtungen gegliedert sind und andere nach Objekten. Das zweite Prinzip beschäftigt sich mit der Gestaltung des Leitungssystems, welches man als Einliniensystem oder Mehrliniensystem bezeichnen kann. 1916 entwickelte Henri Fayol das erste Einliniensystem mit dem Grundsatz, dass nur die übergeordnete Organisationseinheit eine Weisungsbefugnis für die jeweilige untergeordnete Organisationseinheit innehat. Ein konträres System, welches dem Grundsatz folgt, dass übergeordnete Einheiten mehreren untergeordneten Einheiten Weisungen erteilen dürfen, findet seinen Ur-

---

[55] Vgl. Porter [2006], S. 267 ff.
[56] Handy [1993], S.346.
[57] Vgl. Pribilla/Reichwald/Goecke [1996], S.6 ff.

sprung bei Frederick Taylor. Durch dieses Mehrliniensystem wurde der Fayolsche Grundsatz, das Prinzip der Einheit der Auftragserteilung durch das Prinzip des kürzesten Weges ersetzt.[58] Aufgrund dieser zwei Rahmenbedingungen lassen sich vier traditionelle Organisationsstrukturen bilden. Zwei davon, die funktionale und divisionale Organisation, werden nach dem Einliniensystem geführt, während die anderen zwei, die Matrixorganisation und Tensororganisation, nach dem Mehrliniensystem geführt werden.

Um schneller und effizienter auf akute Marktveränderungen und individuelle Kundenwünsche eingehen zu können, wurden flexible Hierarchien entwickelt, bei denen es sich um eine „intraorganisationale Reorganisationsform"[59] handelt. Im Laufe der Zeit entstanden drei unterschiedliche Formen von flexiblen Hierarchien, welche als modulare Organisation, Amöbenorganisation und lernende Organisation bezeichnet werden.[60] Diese werden in der nachfolgenden Grafik veranschaulicht.

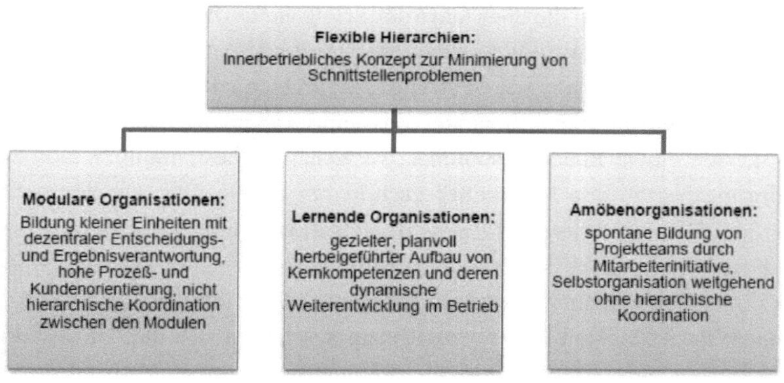

Abbildung 12: Übersicht der flexiblen Hierarchien

(Quelle: Eigene Darstellung in Anlehnung an Wolter/Wolff/Freund [1998], S. 169)

---

[58] Vgl. Vahs/Schäfer-Kunz [2012], S. 268 f.
[59] Schwarzer/Krcmar [1994], S. 21.
[60] Vgl. Wolter/Wolff/Freund [1998], S. 167.

Bei der modularen Organisation handelt es sich um eine Reorganisation der tayloristischen Unternehmensstrukturen. Dabei werden Teams (Module) gebildet, welche eine dezentrale Entscheidungskompetenz innehaben. Die Hauptmerkmale der Modularisierung sind die Prozess- und Kundenorientierung sowie die Integrität der Aufgaben. Durch die Bildung von Teams ist das Unternehmen in der Lage, eine Verringerung der Leistungserbringungskomplexität zu erreichen und durch die Kundenorientierung die Marktnähe zu steigern. Durch die Prozessorientierung können Schnittstellenprobleme im Unternehmen abgebaut werden, welche häufig dazu beitragen, dass Unternehmen nicht wettbewerbsfähig sind, da durch diese Probleme bei der Kommunikation oder lange Liegezeiten verursacht werden. In der Organisationstheorie wird wegen der hohen Prozessorientierung bei der Modularisierung auch von einem objektorientierten Ansatz gesprochen. Ein bedeutender Faktor, welcher die modulare Organisation auszeichnet, ist die Kundenorientierung. Der Kunde spielt eine wichtige Rolle bei der Entwicklung der Strategie und damit auch bei der Anforderung an den Prozess. Die Objektorientierung bezieht sich bei der Modularisierung nicht nur auf das Endprodukt, sondern auf alle Teilbereiche im Unternehmen, was bedeutet, dass sich die Kundenorientierung auch auf alle internen Zwischenleistungen ausweiten lässt und dadurch auch den Anforderungen des TQM Rechnung getragen wird. Zusätzlich zur Prozessorientierung wird bei der Modularisierung auch auf die Integrität der Aufgaben Rücksicht genommen, welche zusätzlich Schnittstellen vermeidet. Der Kerngedanke bleibt jedoch die Bildung von Teams. Dabei sollen die Strukturen in der Organisation an die Kapazitäten und Möglichkeiten der Mitarbeiter angepasst werden. Ziel ist es, den Teams mehr Eigenverantwortung durch Entscheidungsfreiheit sowie durch Haftung für die Ergebnisse zu geben und die Hierarchien zwischen den Modulen abzubauen. Diese Grundprinzipien der Modularisierung können auf allen Ebenen des Unternehmens umgesetzt werden, wobei sie dort verschieden ausgerichtet werden. Dadurch ist es dem Unternehmen möglich, die Mitarbeiter zu motivieren und deren Innovationsfähigkeit zu steigern sowie deren Erwartungen zu erfüllen, wodurch Intrapreneurship gefördert wird. Zusätzlich hat das Unternehmen die Möglichkeit, der heutigen kundenspezifischen Qualitätsanforderung gerecht zu werden, schnell und effizient auf Veränderungen zu reagieren sowie global zu agieren.[61]

---

[61] Vgl. Picot/Reichwald/Wigand [1996], S. 201 ff.

Eine weitere Form der flexiblen Hierarchien ist die Amöbenorganisation. Dabei wird die Organisationsstruktur wie eine Amöbe gebildet. Diese zeichnet sich vor allem durch ihren extrem stabilen inneren und äußert anpassungsfähigen und wandelbaren äußeren Organismus aus. Durch ihre Scheinfüßchen ist die Amöbe in der Lage, ihre Umwelt wahrzunehmen und zu analysieren, wobei sie genießbare Nahrung aufnehmen kann und von ungenießbarer schnell ablassen kann. Zusätzlich hat die Amöbe die Fähigkeit, sich bei wachsender Größe in zwei Amöben zu teilen. Die Amöbenorganisation zeichnet sich daher durch kleine, anpassungsfähige und flexible Teams aus, welche nur zusammen ein *winning team* darstellen. Dadurch ist es möglich, flache Hierarchien zu generieren und zusätzlich wird verhindert, dass eine Person alleine zu viel Entscheidungsmacht innehat. Ein *winning team* bildet sich selbstständig und ist im Stande, Marktveränderungen für sich zu nutzen oder ineffiziente Ideen zu blockieren.[62] Die Amöbenorganisation bezeichnet daher eine Organisationsstruktur, „die sich im Ergreifen von Chancen permanent wandelt."[63] Des Weiteren werden die Mitarbeiter hinsichtlich ihrer Fähigkeiten und Neigungen in Teams aufgeteilt, was zur Folge hat, dass ihre Arbeitsmotivation und Zufriedenheit steigt und damit auch Intrapreneurship gefördert wird.

Die letzte Form von flexiblen Hierarchien ist die lernende Organisation, welche besonders geeignet ist, um das *organizational learning* umzusetzen. In einer lernenden Organisation entwickeln sich die Mitarbeiter dauerhaft weiter und können somit flexibel auf Umweltveränderungen reagieren. Um die lernende Organisation umzusetzen, muss das Unternehmen fünf Disziplinen innehaben. Diese setzen sich nach Senge aus *Personal Mastery*, *Mental Models*, *Shared Visioning*, *Team Learning* und der alles verknüpfenden Disziplin *Systems Thinking* zusammen. Während *Personal Mastery* die Kunst der Selbstkontrolle und Verbesserung des eigenen Ichs darstellt, wobei das Hauptaugenmerk auf der Vertiefung der eigenen Vision durch Fokussierung auf persönliche Ziele und Objektivität liegt, handelt es sich bei *Mental Models* um altgewohnte Annahmen und Vorurteile, die unsere Sicht auf die Welt bestimmen und die, damit eine lernende Organisation entstehen kann, auf Objektivität geprüft werden müssen. Durch das *Shared Visioning* wird den Mitarbeitern eine gemeinsame Vision gegeben die ihre Emotionalität anspricht, was die Konsequenz hat, dass sie nicht nur arbeiten, weil sie müssen,

---

[62] Vgl. Flik [1990], S. 17 ff.
[63] Albach [1995], S. 10.

sondern weil sie wollen. Zusätzlich wird durch das *Team Learning* eine gemeinsame Komponente durch Gespräche gefunden, welche das Zusammengehörigkeitsgefühl steigern soll. Diese vier Disziplinen werden durch das *Systems Thinking* vereinheitlicht. Ohne eine systemische Orientierung wäre keine Motivation vorhanden, die anderen vier Elemente zu verbinden.[64] Durch das organisationale Lernen werden Mitarbeiter motiviert, sich durch Lernen weiterzuentwickeln, was diese zu innovativen Ideen bewegt. Durch diese Form der Organisationsstruktur kann Intrapreneurship durch nicht monetäre Anreize, wie Aus- und Weiterbildung, welche in Punkt 3.3.5 noch näher erläutert werden, gefördert werden.

3.3.3 Systeme

Um auf dem globalen Markt wettbewerbsfähig zu bleiben und den steigenden Anforderungen an Qualität und Kosten gerecht zu werden, muss eine Abwendung von traditionellen Organisationsgestaltungen hin zu prozessorientierten und kundenorientierten Abläufen in der Organisation stattfinden. Bei der traditionellen Organisationsgestaltung wurde zuerst die Aufbauorganisation bestimmt und darauf aufbauend die Ablauforganisation erarbeitet. Anfang der 90er Jahre erfanden Michael Hammer und James Champy das Konzept *„Business Process Reengineering“* und rückten damit die Bedürfnisse des Kunden in den Mittelpunkt der Wertschöpfung. Die dadurch entstandene prozessorientierte Organisation stellte das Paradigma der Organisationsliteratur grundsätzlich um. Bei der Prozessorganisation wird im Gegensatz zur traditionellen zuerst die Ablauforganisation konzipiert und darauf aufbauend die Organisationsstruktur festgelegt. Durch die starke Kundenorientierung, die erhöhte Flexibilität, die verkürzten Durchlaufzeiten und die Reduzierung der Schnittstellen kristallisierte sich die Prozessorganisation als zielführende Ablauforganisation heraus, um die Ziele der Kostensenkung und Qualitätssteigerung zu erreichen. Dabei ist es nötig, dass jeder einzelne Prozess seinen Anteil an der Wertschöpfung und damit auch an dem Mehrwert des Unternehmens hat. Um diese Prozesse dauerhaft und nachhaltig zu verbessern, wurden einige Methoden wie TQM, EFQM, CRM, Lean Management und Six Sigma entwickelt und diese bis heute angewendet.[65]

---

[64] Vgl. Senge [2006], S. 6 ff.

[65] Vgl. Business-Wissen [o. J.], o. S.

Die Prozessorganisation fördert Intrapreneurship in zwei verschiedenen Aspekten. Einerseits werden die Mitarbeiter in Teams für ausgewählte Prozesse eingeteilt, was in Verbindung mit der Schnittstellenverminderung sowohl eine Motivationssteigerung der Mitarbeiter als auch eine Verflachung der Hierarchie zufolge hat. Andererseits kann statt der Bildung von Prozessteams auch einem einzelnen Mitarbeiter mehr Verantwortung zugeteilt sein oder dessen Aufgabengebiet erweitert werden. Geschieht dies nicht auf horizontaler Ebene, was bedeuten würde, dass der Mitarbeiter zwar mehr Aufgaben erhält diese aber in ihrer Art ähnlich sind und daher für wenig Motivation sorgen, sondern auf vertikaler Ebene, kann Intrapreneurship gefördert werden. Die Erweiterung des Aufgabenbereichs eines Mitarbeiters auf vertikaler Ebene wird auch als Job Enrichment bezeichnet. Dabei werden die Aufgaben des Mitarbeiters inhaltlich sowohl durch gesteigerte Verantwortung und Entscheidungsfreiheit verändert als auch durch eigenständige Prüfung und Kontrolle erweitert. Es existieren einige Möglichkeiten zur Implementierung von Job Enrichment. Ein Mittel ist es, dem Mitarbeiter konstruktives Feedback zu geben und ihm zusätzlich die Möglichkeit zu eröffnen, Feedback von internen und externen Kunden zu erhalten. Des Weiteren können Aufgaben sinnvoll zusammengefasst werden und dem Mitarbeiter Freiräume zum eigenständigen Agieren geschaffen werden. Das Intrapreneurship- Konzept wird durch Job Enrichment positiv beeinflusst, indem die Mitarbeitermotivation und Arbeitsplatzzufriedenheit verbessert wird, wodurch wiederum die Qualität gesteigert und die Fluktuationskosten gesenkt werden.[66]

3.3.4 Unternehmenskultur

Die Unternehmenskultur besteht aus zwei Komponenten: Einerseits aus der Kultur der Organisation, welche von Wertvorstellungen geprägt ist und andererseits aus dem Führungsstil oder auch aus der Kultur des Managements. Die Unternehmenskultur hat einen bedeutenden Einfluss auf die Umsetzung von Intrapreneurship, da sie die Grundlage der Normen und des Verhaltens der Menschen im Unternehmen darstellt und sich auf dieser Kultur innovatives Denken aufbauen kann. Nur wenn die Kultur mitarbeiterorientiert und der Führungsstil den Mitarbeitern genug Autonomie und Selbstbewusstsein gibt, kann sich das Intrapreneurship-Konzept frei entfalten.

---

[66] Vgl. Fiedler [2014], S. 67 f.

3.3.4.1 Kultur der Organisation

Die Organisationskultur lässt sich als

> „ein System von gemeinsamen Wertvorstellungen und Verhaltensnormen und Denk- und Handlungsweisen verstehen, das von einem Kollektiv von Menschen erlernt und akzeptiert worden ist und welches bewirkt, dass sich die soziale Gruppe deutlich von anderen Gruppen unterscheidet."[67]

Als Ende des 19. Jahrhunderts die erste traditionelle Unternehmenskultur von Frederik Taylor entwickelt wurde, war diese von strengen Kontrollen, Hierarchien und Regeln geprägt. Die Bedürfnisse der einzelnen Mitarbeiter hatten in dieser Kultur einen geringen Stellenwert, vielmehr wurde der Mensch als Maschine wahrgenommen, der schnellstmöglich einen effektiven Unternehmenserfolg erreichen sollte. Diese Art der Unternehmenskultur hinderte die Mitarbeiter daran innovativ zu denken, da sie Wandel als Bedrohung sahen und die Befürchtung Fehler zu machen groß war. Durch die Globalisierung und durch die daraus resultierenden veränderten Wettbewerbsbedingungen wurde ein Umdenken notwendig. Zu dieser Zeit entstand die innovative Unternehmenskultur, welche durch Vertrauen, Wertesysteme und Autonomie geprägt ist. Diese innovative Kultur stellt das Fundament für Intrapreneurship dar. Durch die erhöhte Toleranz gegenüber Fehlern, der Offenheit gegenüber dem Risiko und das Vertrauen in die Mitarbeiter werden Freiräume für innovativ handelnde Mitarbeiter geschaffen und veraltete Bürokratien überwunden. Wegen der Individualität jedes Unternehmens gibt es grundsätzlich kein Ideal, wie die Unternehmenskultur aufgebaut werden kann. Jedoch gibt es einige Merkmale, die eine mitarbeitermotivierende Unternehmenskultur ausmachen und die in ihrer Gesamtheit die Arbeitsplatzzufriedenheit und Selbstständigkeit der Mitarbeiter fördern. Ein wichtiger Aspekt ist, dass innovatives Denken und Handeln im Wertesystem des Unternehmens eine bedeutende Rolle spielt. Das unternehmerische Leitbild muss dahingehend ausgerichtet sein und sowohl nach innen als auch nach außen kommuniziert werden. Dadurch soll allen Betriebsangehörigen vermittelt werden, dass Innovationen nicht abgelehnt werden, sondern wünschenswert und fest in den Unternehmenszielen verankert sind. Um die Emotionen der Mitarbeiter und der Öffentlichkeit anzusprechen, wird häufig auf Geschichten von Best Practice Beispielen

---

[67] Bleicher [1989], S. 260.

zurückgegriffen und von den Entwicklern radikaler Innovationen erzählt. Neben der sprachlichen Vermittlung des Wertsystems müssen auch wertorientierte Gesten von Seiten des Unternehmens erfolgen, welche durch Anreize wie mehr Autonomie unterstrichen werden können. Des Weiteren weisen Intrapreneurship fördernde Unternehmenskulturen ein hohes Toleranzniveau gegenüber Misserfolgen auf. Da innovatives Handeln häufig zu Fehlschlägen führt, ist es nötig, dass eine Intrapreneurship fördernde Kultur diese als Chance zum Lernen sieht. Zusätzlich muss ein innovatives Unternehmen eine erhöhte Risikobereitschaft vorweisen. Dadurch soll den Mitarbeitern gezeigt werden, dass trotz Ungewissheiten in Bezug auf die Innovationsergebnisse das Unternehmen diese in ihrem Vorhaben bis zu einem realistischen Grad unterstützt. Dies führt auch dazu, dass die Mitarbeiter ein Sicherheitsgefühl bekommen, welches wiederum die Mitarbeiter ermutigt unternehmerisch zu denken. Ein weiterer wichtiger Faktor ist eine transparente Informationskultur. In einer Intrapreneurship fördernden Kultur steht allen der Zugriff auf jegliche Informationen zu. Es gibt keine Informationsblockierung und alle Informationen können frei in alle Richtungen verbreitet werden. Die Führungskräfte können dies zusätzlich unterstützen, indem sie persönliche Gespräche mit den Mitarbeitern suchen, um ihnen Änderungen mitzuteilen oder indem sie eine Open-Door-Politik, bei der jeder Zugang zum Büro der Führungskraft hat, einführen. Zusätzlich zählt als einer der bedeutendsten Faktoren, um als Unternehmen innovativ zu sein, die Marktorientierung. Durch die Marktorientierung wird den Interessen und dem Feedback der Kunden eine erhöhte Bedeutung zugetragen, wodurch Informationen über Verbesserungen erlangt werden können und somit die Mitarbeiter auf neue Ideen in Verbindung mit den Bedürfnissen der Kunden aufmerksam gemacht werden. [68] „Excellent companies tend to be more driven by close-to-the-customer attributes than by either cost or technology." [69] Durch diese Aussage von Peters und Waterman wird nochmals beschrieben, dass eine ausgeprägte Marktorientierung die beste Grundlage darstellt, um innovativ denkende Mitarbeiter zu fördern. Diese ganzen Merkmale erhöhen die Innovationsfähigkeit eines Unternehmens und wirken sich dadurch äußerst positiv auf das Intrapreneurship-Konzept aus.

---

[68] Vgl. Neugebauer [1997], S. 244 ff.
[69] Peters/Waterman [1982], S. 186.

3.3.4.2 Führungsstil

Diskussionen zum Thema Führung gab es schon lange vor dem 20. Jahrhundert, durch welche sich bereits erste Ansätze über Eigenschaften von Führungspersönlichkeiten etablierten. Aufgrund der vielen verschiedenen Sichtweisen existieren zahlreiche Definitionen des Begriffs Führung, wie die Definition von House et al.: „The ability of an individual to influence, motivate, and enable others to contribute toward the effectiveness and success of the organizations of which they are members."[70] Diese Beschreibung drückt aus, dass Führungspersonen die Fähigkeit haben ihre Mitarbeiter zu motivieren und mit einem positiven Einfluss zu effektiverer Arbeit zu befähigen, um den Unternehmenserfolg zu steigern. Wiederum definiert von Rosenstiel Führung als "bewusste und zielbezogene Verhaltensbeeinflussung."[71] Die eigenschaftsorientierten Ansätze sind die geschichtlich ältesten Theorien zum Thema Personalführung. Nach der Eigenschaftstheorie kann eine Führungsperson ihre Führungskompetenzen nicht erlernen, sondern es wird davon ausgegangen, dass diese angeboren sind. In den 30er Jahren folgten auf die eigenschaftsorientierten Führungsansätze die verhaltensorientierten Führungsansätze, die den Fokus auf das Führungsverhalten verlagern und versuchen dieses sowohl zu analysieren als auch den Führungserfolg zu ermitteln. Der erste verhaltensorientierte Ansatz wurde 1938 – 1940 im Rahmen der Iowa Studien entwickelt, bei dem die Auswirkungen von autoritärem, demokratischem und dem laissez faire Führungsstil auf das Verhalten von Kindern untersucht wurden.[72] Weitere wichtige verhaltensorientierte Studien sind die der Ohio State Universität und der Michigan Universität, die Mitarbeiterorientierung und Aufgabenorientierung gegenüberstellten und Fragebögen zur Bewertung des Führungsstils einer Person entwickelten. Das Kontingenzmodell von Fiedler war das erste situationsorientierte Führungsmodell in der Geschichte der Führungsliteratur. Der Grundgedanke des Kontingenzmodelles ist es, dass die Leistung der Mitarbeiter nicht nur vom Führungsstil, sondern auch von äußeren Umständen abhängt, wie etwa Aufgabenstruktur, Positionsmacht des Führers und der Beziehung zwischen Mitarbeiter und Führer.[73]

---

[70] House/Hanges/Ruiz-Quintanilla/Dorfman/Javidan/Dickson/Gupta [1999], S. 184.

[71] Von Rosenstiel [2002], S. 203.

[72] Vgl. Wunderer [2007], S. 205.

[73] Vgl. Kühlmann [2008], S. 173.

Diese reine Interaktion zwischen Führungskraft und Geführten kann jedoch den veränderten Anforderungen des Menschenbildes im 21. Jahrhundert, welches ein vermehrtes Streben nach Individualisierung und Autonomie am Arbeitsplatz zufolge hatte, nicht mehr Rechnung tragen. Als Reaktion darauf ließ sich der vermehrte Einsatz von New Leadership Ansätzen erkennen, bei denen die Vision des Unternehmens vorgelebt oder von den Mitarbeitern selbst gelebt wird. Diese gliedern sich in die charismatische Führung und transformationale Führung auf. Gemeinsamkeiten lassen sich bei diesen Ansätzen in der Tatsache erkennen, dass sie stark auf der Beziehung zwischen Vorgesetztem und Mitarbeiter beruhen und deshalb auch als beziehungsorientierte Führungsansätze kategorisiert werden.

Nach Conger und Kanungo wird Charisma in der charismatischen Führung nicht als Eigenschaft der Führungskraft gewertet, sondern entsteht anhand der Einschätzungen der geführten Mitarbeiter. Zu Zeiten wirtschaftlicher und struktureller Veränderungen sind besonders charismatische Führungskräfte im Stande, ihre Mitarbeiter zu motivieren und zu fördern. Diese Führungspersonen zeichnen sich besonders durch die Fähigkeit aus, Visionen zu statuieren und vorzuleben, sodass Commitment und Empowerment der Mitarbeiter in Bezug auf das Unternehmen gesteigert werden.[74]

Die transformationale Führung ist eine Erweiterung der transaktionalen Führung, bei der das tayloristische Menschenbild des *economic man* noch vorherrschend war. Die transaktionale Führung wird als grundlegendes Management gesehen, bei dem die Führungskraft Aufgaben und Belohnungen vergibt. Dabei hat die Führungskraft die alleinige Kontrolle über die zu erreichenden Ziele. An diesem Punkt setzt die transformationale Führung an. Die Grunderwartung der Führungskraft ist es, dass die vorgegebenen Aufgaben nicht nur dementsprechend erfüllt werden, sondern dass die Mitarbeiter sich vermehrt engagieren.

Ziel dieser Theorien ist es, „Mitarbeiter und Organisationen so zu führen, dass im Umfeld globaler und dynamischer Veränderungen herausragende Leistungen erzielt werden."[75] Jedoch kristallisiert sich ein bedeutender Unterschied zwischen der charismatischen und transformationalen Führung heraus. Denn

---

[74] Vgl. Yukl [2009], S. 264 ff.

[75] Dörr/Schmidt-Huber/Winkler/Klebl [2013], S. 257.

„während charismatische Führungskräfte stärker eine persönliche Identifikation mit ihrer Person bei den Geführten beabsichtigen, geht es transformationalen Führungskräften mehr darum, dass die Geführten die Werte und Ziele der Organisation internalisieren."[76]

Da die transformationale Führung von Bass und Avolio durch ein hohes Maß an Mitarbeiterorientierung und Aufgabenorientierung die Motivation, Zufriedenheit, Eigenständigkeit und Leistungsfähigkeit der Mitarbeiter steigert, ist dieser Ansatz am besten geeignet, um das Intrapreneurship Konzept zu Zeiten dynamischen Wandels umzusetzen. Intention dabei ist es, den Mitarbeitern einen tieferen Sinn in den Zielen aufzuzeigen und dadurch eine gemeinsame Mission aufzubauen. So soll der Zusammenhalt im Unternehmen, die Selbstachtung und das Wertgefühl der Mitarbeiter nachhaltig gestärkt werden. Nach Bass und Avolio wird dies mittels vier Techniken angestrebt. Die erste Technik ist der idealisierte Einfluss, auch Charisma genannt. Dabei wird die charismatische Führung wieder aufgegriffen. Die Führungskräfte leben den Mitarbeitern eine Vision und Missionen vor, mit denen sich die Geführten identifizieren können. Dadurch wird die Führungskraft zu einem Vorbild mit hohen moralischen Ansprüchen, dem die Mitarbeiter nacheifern können, wodurch diese wiederum den Respekt und das Vertrauen der Mitarbeiter gewinnt. Eine weitere Technik ist die Inspiration, bei der es darum geht, mit einfachen Techniken wie Symbolen anspruchsvolle Ziele zu kommunizieren. Dadurch wächst das Zusammengehörigkeitsgefühl und der Glaube daran, diese Ziele gemeinsam zu erreichen. Die intellektuelle Stimulierung befähigt die Mitarbeiter dazu, rationale Entscheidungen zu treffen, diese selbstständig zu hinterfragen und Problemlösungen zu finden. Eine Führungsperson, die zu diesem Verhalten motiviert, verstärkt zugleich die Innovationsfähigkeit der Mitarbeiter. Die letzte Technik der transformationalen Führung ist die individuelle Förderung der Mitarbeiter, wobei die Führungskraft auf jeden Mitarbeiter einzeln eingeht, dessen Stärken entdeckt und weiterentwickelt.[77] Durch die Förderung der individuellen Mitarbeiterfähigkeiten, der Anregung zu eigenständigem Problemlösen und der Vorbildfunktion der Führungskraft durch vorgelebte Werte, wirkt sich die transformationale Führung positiv auf das Intrapreneurship-Konzept aus und lässt innovatives Denken im Unternehmen entstehen.

---

[76] Dörr/Schmidt-Huber/Winkler/Klebl [2013], S. 262.

[77] Vgl. Bass [1990], S. 22.

3.3.5 Mitarbeiter

Um die Arbeitszufriedenheit der Mitarbeiter zu verbessern und dadurch im nationalen und internationalen Wettbewerb bestehen zu können, muss ein modernes Unternehmen dem Wertewandel und dem damit korrelierenden Menschenbild Rechnung tragen und ein vielschichtiges Anreizsystem anbieten. Nur so kann gewährleistet werden, den veränderten Motivationslagen der Arbeitnehmer gerecht zu werden und das Mitunternehmertum zu fördern. Die folgende Grafik gibt einen Überblick über die Vielfalt der möglichen Anreize.

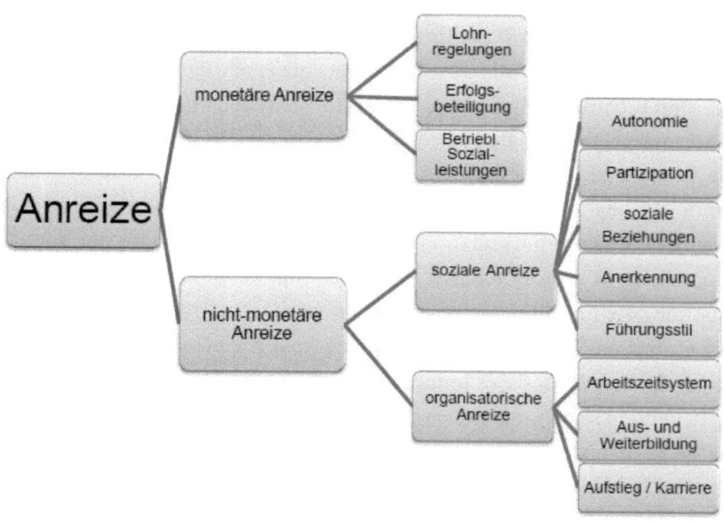

Abbildung 13: Gliederung der Anreize

(Quelle: Eigene Darstellung)

Eine Tatsache verbindet alle Anreize: Der Mitarbeiter soll dadurch

„bewegt, verlockt, überzeugt oder gedrängt werden, im Interesse der Unternehmensziele tätig zu werden und diese Tätigkeit mit hoher Intensität und Ausdauer zu einem erfolgreichen Abschluss zu bringen."[78]

---

[78] Kühlmann [2008], S. 56.

Grundsätzlich ist zwischen monetären und nicht-monetären Anreizen zu unterscheiden. Häufig werden diese in der Literatur auch als materiell und immateriell bezeichnet.

Unter die monetären Anreize fallen alle Lohnregelungen, die betrieblichen Erfolgsbeteiligungen sowie die zusätzlichen betrieblichen Sozialleistungen. Bei den Lohnregelungen fließen sowohl das gezahlte Entgelt für die Arbeit sowie Zusatzleistungen und Vergünstigungen wie Zeitlöhne, Leistungslöhne, Prämien, Provisionen und Zulagen ein. Bei einer betrieblichen Erfolgsbeteiligung ist eine Leistungs-, Ertrags- oder Gewinnbeteiligung möglich. Der Arbeitnehmeranteil kann individuell oder kollektiv (Bezuschussung sozialer Zwecke wie Betriebskindergarten, Werkswohnungsbau, Sportanlage) verteilt werden. Zusätzlich ist ein monetärer Anreiz durch betriebliche Sozialleistungen möglich, die im Gegensatz zu den gesetzlich und tariflich geregelten Leistungen freiwillig und zusätzlich sind. Darunter fallen Vorsorgeleistungen (Versicherungen, Altersvorsorge), Geldleistungen (Weihnachts- und Urlaubsgeld, Fahrtkostenzuschuss), Sachleistungen (zusätzlicher Urlaub, Firmenwagen, Kleidung) und qualitative Versorgungsleistungen (Werkswohnungen, Betriebsgastronomie, Sportanlagen, Beratungsangebote, Kinderbetreuung).[79]

Die nicht-monetären Anreize lassen sich in zwei Teilbereiche einteilen: Den Bereich der sozialen Anreize mit den Gebieten Partizipation, Autonomie, soziale Beziehungen, Anerkennung und Führungsstil und den Bereich der organisatorischen Anreize mit den Gebieten Arbeitszeitsystem, Aufstiegs- und Karrieremöglichkeiten sowie Aus- und Weiterbildung. Diese Anreize sind häufig situativ variabel und individuell abgestimmt. Bei den sozialen Anreizen steht für die meisten Beschäftigten die Autonomie, das heißt ein größtmöglicher Freiraum bei der Arbeitsausführung und die Möglichkeit, Verantwortung zu übernehmen, an erster Stelle. Starre Organisationsstrukturen und stete Kontrollmöglichkeiten durch die Führungsinstanzen sowie Rechenschaftspflichten stehen diesem Wunsch nach Autonomieerfahrung im Arbeitsprozess im Wege. Ebenso ist der Grad der möglichen Partizipation von erheblichem Stellenwert bei der Motivation, die gesamte Arbeitsleistung in das Unternehmen einzubringen. Unter Partizipation ist hier eine Mitsprache im unmittelbaren Umfeld, in der Gruppe oder im Team sowie das Einbringen eigener Ideen in den Arbeitsprozess zu verstehen. Unter Berücksich-

---

[79] Vgl. Hentze [1995], S. 67 ff.

tigung der individuellen Bedürfnisse werden das Engagement, das Selbstwertgefühl, die subjektive Zufriedenheit und die Qualität der Leistung steigen, je mehr Mitberatungs- und Entscheidungsrechte den Mitarbeitern ermöglicht werden.[80] Wie beim Menschenbild des *social man* bereits deutlich wurde, ist eine Facette des Individuums sein Wunsch nach sozialen Kontakten. Je mehr soziale Beziehungen in der Arbeit ermöglicht werden, umso mehr wird der Wunsch jedes Einzelnen nach Anerkennung, Wertschätzung und Geborgenheit erfüllt. Der Gedanken- und Wissensaustausch - durch betriebliche Maßnahmen unterstützt – steigert die Arbeitszufriedenheit und wirkt sich auf Fluktuation und Fehlzeiten aus.[81] Ein weiterer wichtiger sozialer Anreiz ist die Anerkennung, die durch Mittel wie Respekt, Akzeptanz und Lob den Mitarbeiter erkennen lässt, dass seine Arbeitsleistung positiv bewertet wird. Diese individuell ausgelegte Anerkennung trägt wiederum zur Steigerung des Selbstwertgefühls und somit zu einer erhöhten Arbeitszufriedenheit bei. Der letzte soziale Anreiz ist der Führungsstil des Unternehmens. Je mehr ein Vorgesetzter „bereitwillig für fachliche Beratung bereitsteht und sich um die Förderung und Entwicklung individueller Potentiale und Stärken seiner Mitarbeiter kümmert"[82], umso größer ist der soziale Anreiz, die gesamte Arbeitsleistung in das Unternehmen einzubringen. Grundlage hierfür ist das Menschenbild des *complex man*, auf welchem das Persönlichkeitsbild der Theorie Y von McGregor beruht. Diese Theorie geht von der „Integration individueller und betrieblicher Zielsetzungen in die Führungskonzeption"[83] aus. Führung muss somit die Möglichkeit einräumen, dass die Mitarbeiter ihre persönlichen Ziele erreichen können. In diesem Zusammenhang stellt die Organisationstruktur des Unternehmens eine wichtige Größe dar. Nur wenn sie den veränderten menschlichen Bedürfnissen Rechnung trägt, wird sie zu einem zusätzlichen Anreiz für den Arbeitnehmer.[84]

Neben diesen vielfältigen sozialen Anreizen kommen auch organisatorische Anreize zum Tragen. Der moderne Mensch, wie er im Menschenbild des *brain-directed man* beschrieben wird, hat ein zunehmendes Bedürfnis nach einem modernen Arbeitszeitsystem mit mehr individueller Zeitsouveränität. Er wendet sich

---

[80] Vgl. Holtrup [2008], S. 96 ff.
[81] Vgl. Hentze [1995], S. 173 ff.
[82] Holtrup [2008], S. 99.
[83] Hentze [1995], S. 184.
[84] Vgl. Holtrup [2008], S. 99 ff.

von den traditionellen Arbeitszwängen ab, die mit seinen Freizeitbedürfnissen und seinem individuellen Lebensrhythmus kollidieren.[85] Auch die sozio-kulturellen Veränderungen spielen hierbei eine wichtige Rolle. Flexible Arbeitszeitsysteme gewährleisten mehr Freiräume und Autonomie und erhöhen dadurch die Zufriedenheit der Mitarbeiter. Möglichkeiten der Verwirklichung finden sich im Bereich der Flexibilisierung ohne Verringerung des Zeitumfangs (tägliche oder wöchentliche Gleitzeitregelungen), im Rahmen der Teilzeitarbeit (konventionelle Formen, kapazitätsorientierte variable Arbeitszeiten oder Job-Sharing) sowie in der Flexibilisierung der Lebensarbeitszeit (gleitender Ruhestand, Vorruhestandsmodelle).[86] Ebenso hat ein umfangreiches Angebot von Maßnahmen, die der Aus- und Weiterbildung dienen, einen hohen Anreizcharakter. Diese lassen sich hinsichtlich ihres Umfangs, ihrer Tragweite sowie ihrer inhaltlichen Ausrichtung (Qualifikations- oder Anpassungsweiterbildung) einteilen. Der Anreiz für den Arbeitnehmer begründet sich in dem daraus resultierenden größeren Handlungsspielraum, einem eventuellen beruflichen Aufstieg aber auch in einer Anerkennung seiner Leistung. Eng an diesen Aspekt sind die Aufstiegs- und Karrieremöglichkeiten gekoppelt. Hier muss zwischen administrativ-hierarchischen (Aufstieg in der betrieblichen Organisationsstruktur) und fachlichen (veränderte Aufgabenprofile) Karrieren unterschieden werden. Je ansprechender, erreichbarer und individuell gestalteter diese Möglichkeiten für die Mitarbeiter sind, umso intensiver werden diese ihre gesamte Arbeitskraft für das Unternehmen einsetzen.[87]

Es wird deutlich, dass es heutzutage nicht mehr ausreichend ist, mit Hilfe monetärer Anreize motivierte und unternehmerisch handelnde Mitarbeiter für ein Unternehmen zu finden und diese zu halten. Vielmehr sind es die nicht-monetären Anreize, welche der Lebenswirklichkeit der Menschen Rechnung tragen, die Arbeitnehmer in ihrer Gesamtheit sehen und dadurch letztendlich die Motivation und Zufriedenheit der Mitarbeiter steigern.

---

[85] Vgl. Holtrup [2008], S. 238.

[86] Vgl. Hentze [1995], S. 232 ff.

[87] Vgl. Holtrup [2008], S. 105 ff.

3.3.6 Fähigkeiten

Die Grundlage zur Entwicklung von Kernkompetenzen stellt das Wissen der Mitarbeiter dar. Diese Kompetenzen können nur entstehen und erweitert werden, wenn die Mitarbeiter über die notwenigen Fähigkeiten verfügen und den Willen dazu haben. Da ein Intrapreneur sowohl über die notwendigen Fähigkeiten verfügt, als auch über den freien Willen sein Wissen mit dem Unternehmen zu teilen, kann ein Unternehmen dies nutzen, um mit Hilfe von organisationalem Lernen Kernkompetenzen zu bilden. Jedoch ist dieses Wissen ohne effizientes Wissensmanagement bedeutungslos. „Wissensmanagement ist die zielgerichtete Steuerung von Wissen und Wissensflüssen zur optimalen Nutzung von internem und externem Wissen zur nachhaltigen Steigerung des Unternehmenswertes."[88] Dies bedeutet, dass das vorhandene Wissen im Unternehmen erst durch Wissensmanagement genutzt und umgesetzt werden kann. Die nachfolgende Abbildung veranschaulicht, dass Wissen unterschiedliche Qualität besitzen kann, welche von einfachen Zeichen bis hin zu einzigartigen Kernkompetenzen reichen kann.

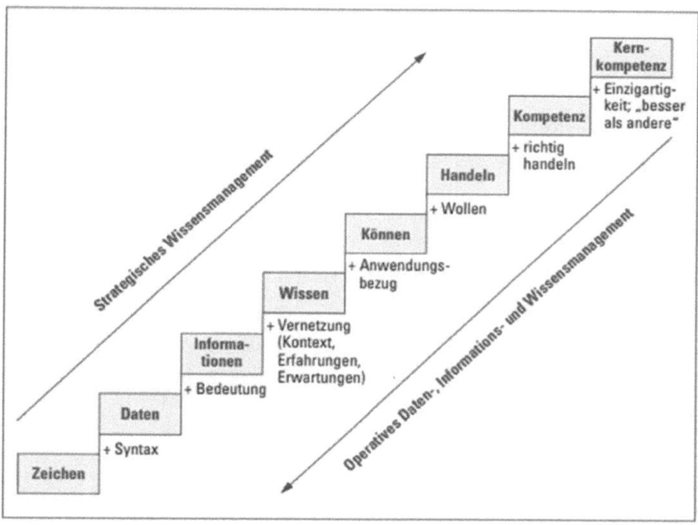

Abbildung 14: Wissenstreppe

(Quelle: Thommen/Achleitner [2012], S. 1027)

---

88 Thommen/Achleitner [2012], S. 1026.

Hierbei wird nochmals deutlich, dass das Wissen der Mitarbeiter ein wichtiger Faktor ist, welcher dauerhaft weiterentwickelt und gefördert werden muss, damit sich Kernkompetenzen bilden. Zunächst wird dabei zwischen individuellem und kollektivem Wissen unterschieden. Während bei individuellem Wissen das Wissen nur einer Person selbst zur Verfügung steht, sind bei kollektivem Wissen mehrere Personen oder ein ganzes Unternehmen Wissensträger.[89] Um Kernkompetenzen zu bilden, muss das Wissen eines Einzelnen zu kollektivem Wissen des Unternehmens werden. Ein geeignetes Verfahren dazu ist das *Organizational Learning* (organisationales Lernen), welches die Grundlage der lernenden Organisation darstellt. Ziel des organisationalen Lernens ist es, eine gemeinsame Wissensbasis im Unternehmen zu erreichen. Ein Intrapreneur entwickelt innovative Ideen, wobei es sich bei der Entwicklung noch um individuelles Wissen handelt. Durch das organisationale Lernen hat der Intrapreneur die Möglichkeit, sein Wissen zu kollektivem Wissen werden zu lassen und somit alle Mitglieder der Organisation dazu zu motivieren innovativ zu denken. Durch diesen gezielten Einsatz der Intrapreneur Fähigkeiten können Kernkompetenzen entwickelt und dadurch der Unternehmenswert gesteigert werden.

3.3.7 Gemeinsame Werte

Bei diesem Aspekt handelt es sich um das Unternehmensleitbild, welches sich aus der Vision, der Mission und den strategischen Zielen eines Unternehmens zusammensetzt. Durch dieses Leitbild können gemeinsame Werte und Grundprinzipien geschaffen und den Mitarbeitern ein Rahmen für ihr Handeln gegeben werden. Diese Werte und Grundsätze können zum Beispiel wiederum in Anreizsysteme integriert werden, um das Verhalten der Mitarbeiter in Hinblick auf die Unternehmenskultur zu steuern. Einerseits richtet sich das Leitbild nach außen an Kunden und die Öffentlichkeit in Form eines positiven Images, wodurch versucht wird ein Alleinstellungsmerkmal gegenüber der Konkurrenz zu bilden. Andererseits gilt es nach innen als Orientierungsrahmen und Motivation für die Mitarbeiter.

Unternehmen, die eine klare Vision verfolgen, haben einen erheblichen Wettbewerbsvorteil, da sie im Gegensatz zu anderen Unternehmen engagierte und selbstständig arbeitende Mitarbeiter anziehen. Die Vision ist „das Bewusstwerden

---

[89]   Vgl. Thommen/Achleitner [2012], S. 1026 ff.

des Wunschtraumes einer Umweltveränderung."[90] Dies bedeutet, dass immer am Anfang einer Unternehmensgründung eine Vision steht. Des Weiteren kommt es bei der Ausarbeitung der Vision auf eine bewusste Koordinierung der beteiligten Menschen im Unternehmen an. Dabei stellen Offenheit, Realitätssinn und Spontanität die drei Komponenten dar, aus denen sich eine Vision zusammensetzt. Um eine gelungene Vision zu entwickeln, muss eine Verbindung aus Offenheit und Spontanität unter Einbezug des Realitätssinns gebildet werden. Dabei bedeutet Offenheit eine Aufgeschlossenheit gegenüber den Bedürfnissen von Anderen als auch der Möglichkeit gegenüber Veränderungen zu entwickeln. Daneben bedeutet Spontanität, eine Sache aus verschiedenen Blickwinkeln zu betrachten und dadurch Kreativität zu fördern. Nur wenn diese beiden Aspekte mit einbezogen werden und diese auf Realität geprüft werden, kann eine Vision entstehen.[91] Während die Vision das Selbstverständnis eines Unternehmens kurz und prägnant ausdrückt, wird durch die Mission diese mit Zielen gefüllt. Unter der Mission werden Unternehmensleitlinien verstanden, welche die Vision visualisieren und zur Kommunikation dieser beitragen sollen. Die strategischen Ziele dienen zur Veranschaulichung der Vision und Mission und geben messbare Richtlinien für das unternehmerische Handeln vor. Um dies zu erreichen, werden diese drei Aspekte in die Unternehmensverfassung mit aufgenommen und in der Unternehmenskultur verankert.

Um Intrapreneurship im Unternehmen zu fördern, ist es notwendig die Vision, die Mission und die strategischen Ziele anhand der Grundidee des Intrapreneurship-Konzeptes der Innovations- und Geschwindigkeitssteigerung zu bilden. Das Grundprinzip, mit welchem ein Unternehmen seine Wettbewerbsfähigkeit sichern kann, ist durch die Implementierung des Intrapreneurship-Konzeptes innovativ denkende Mitarbeiter auszubilden. Dies sollte auch in der Vision und der Mission des Unternehmens deutlich erkennbar sein, um dadurch für die richtigen Mitarbeiter als Arbeitgeber attraktiv zu werden und um eine *Corporate Identity* zu schaffen. Aber auch die strategischen Ziele müssen daraufhin ausgerichtet werden, da sich auf ihnen die Unternehmenskultur aufbaut.

---

[90] Hinterhuber [2004], S. 75.

[91] Vgl. Hinterhuber [2004], S. 75 ff.

4 Fazit

Zielsetzung der vorliegenden Arbeit war die Ausarbeitung eines Intrapreneurship fördernden Unternehmenskonzeptes. Dieses trägt den aktuellen Anfordernissen an Unternehmen Rechnung, da es die zunehmende Globalisierung mit den daraus resultierenden verschärften Wettbewerbsbedingungen aufgreift und zielorientiert einbindet. Durch die Umsetzung dieses Konzeptes werden die Mitarbeiter dazu befähigt, ein mitunternehmerisches und damit innovatives Denken zu entwickeln, welches sie in das Unternehmen einbringen und das letztlich dazu führt, auch bei steigendem Konkurrenzdruck wettbewerbsfähig zu bleiben.

Was die Globalisierung betrifft, so konnte anhand einer Analyse der aktuellen Rahmenbedingungen der Makroumwelt gezeigt werden, dass diese in allen Bereichen des privaten, gesellschaftlichen und wirtschaftlichen Lebens zu einschneidenden Veränderungen geführt hat. Bei den politischen Faktoren, welche den rechtlichen Rahmen für die Unternehmen darstellen, zeigte sich, dass durch die Bildung von Freihandelszonen ein globales Agieren erleichtert aber auch gefordert wird. Die Analyse der wirtschaftlichen Faktoren machte deutlich, dass es durch die voranschreitende Globalisierung nötig ist, neue Unternehmenskonzepte wie *outsourcing* und *offshoring* in bestehende Strukturen einzubinden. Bei der Betrachtung der gesellschaftlichen Veränderungen zeichnete sich ein Wertewandel ab, der durch soziale und kulturelle Umbrüche gekennzeichnet ist. Es fand eine gravierende Verschiebung von den Pflicht- hin zu den Selbstentfaltungswerten statt, welche sich in besonderer Weise auf die Arbeit auswirken. Traditionelle, kollektive Werte treten immer mehr zugunsten einer individuellen Kreation der Lebensführung zurück. Auch die Analyse des Menschenbildes unterstützte diese Tatsache. Ebenso führten die Veränderungen im technischen Bereich zu massiven Veränderungen, die sich auf alle anderen Bereiche auswirken und den Anforderungen einer globalisierten Welt Rechnung tragen. Die modernen Informations- und Kommunikationstechnologien verändern den globalen Handel und verschärfen die Wettbewerbsbedingungen. Andererseits bieten sie auch Gestaltungsfelder für innovative Arbeitsformen in den Unternehmen.

All diese Veränderungen in der Makroumwelt haben einen direkten Einfluss auf Unternehmen und die dort beschäftigten Mitarbeiter. Es stellte sich daher im Anschluss die Frage, wie und mit Hilfe welcher Maßnahmen ein Unternehmen auf diese Veränderungen reagieren kann, um auch weiterhin im internationalen Wettbewerb bestehen zu können. Als geeignetes Mittel wurde das Intrapreneurship-Konzept gewählt, da dieses in gelungener Weise die geschilderten Veränderungen aufgreift und neue Wege der Unternehmensführung aufzeigt, indem es Mitarbeiter dazu befähigt, Mitunternehmer zu werden. Doch wie kann dieses moderne Konzept in ein bestehendes Unternehmen eingebunden werden? Zu diesem Zwecke wurde in der vorliegenden Arbeit zunächst eine SWOT Analyse durchgeführt, welche die Stärken und Schwächen eines solchen Mitunternehmertums im Unternehmen sowie die Chancen und Risiken der heutigen Makroumwelt herausarbeitet. Nach einer sich anschließenden Begriffsabgrenzung wurde auf die Implementierung des Marktprinzips, des Empowerments sowie des Commitments eingegangen, welche grundlegend für die gelungene Umsetzung von Intrapreneurship sind. Durch das Marktprinzip mit seinen drei Bereichen Markt für Kapital, Ideen und Talente werden Mitarbeiter befähigt, aktiv und selbstständig zu denken und zu handeln. Freies Kapital für Mitarbeiter, die Möglichkeit, eigene Ideen in das Unternehmen einzubringen sowie eine Unterstützung und Förderung der individuellen Talente führt dazu, dass sich die Mitarbeiter zunehmend als Mitunternehmer definieren. Das Prinzip des Empowerments zielt darauf ab, den Mitarbeitern mehr kreative Freiräume zu verschaffen, die zu steigender Verantwortung führen. Letztlich baut das Commitment eine Unternehmenskultur auf, mit der sich alle Mitarbeiter identifizieren können. Durch das hohe Maß an Übereinstimmung der Werte von Unternehmen und Mitarbeiter entsteht eine starke emotionale und normative Verbundenheit. Diese drei Maßnahmen bilden den Rahmen für die Entfaltung von Intrapreneurship.

Im Anschluss wurden in der vorliegenden Arbeit anhand des 7-S-Modells von Tom Peters und Robert Waterman die sieben unternehmensgestaltenden Kernvariablen (Strategie, Struktur, Systeme, Unternehmenskultur, Mitarbeiter, Fähigkeiten und gemeinsame Werte) untersucht, analysiert und Methoden verglichen. Dabei ergab sich, dass für jeden dieser Erfolgsfaktoren Intrapreneurship fördernde Konzepte entwickelt werden können.

Bei der Analyse der Strategiekonzepte wurde deutlich, dass es keine alleinige Strategie gibt, die sich Intrapreneurship fördernd auswirkt, da diese abhängig von der Art, Größe, Lage und Zielsetzung des Unternehmens ist. Je nach Zielsetzung kann die Kostenführerschaft, die Differenzierung oder aber auch die Konzentration auf einen Schwerpunkt im Vordergrund stehen. Es zeigte sich jedoch, dass vor allem das Strategiekonzept der Differenzierung ein geeignetes Mittel darstellt, innovativ zu handeln und sich dadurch von der Konkurrenz abzuheben. Diese Annahme beruht auf den drei von Porter entwickelten fundamentalen Prinzipien, die eine wettbewerbsfähige Strategie ausmachen. Außerdem ist es unabdingbar, die bestehende Strategie stets zu überdenken, innovativ anzupassen und die Mitarbeiter gezielt bei diesem Prozess einzubinden, um marktführend zu bleiben.

Bei der sich anschließenden Auswertung der geschichtlichen Entwicklung von Strukturen wurde deutlich, dass die strengen Hierarchien der traditionellen Organisationsformen zunehmend zu modernen Organisationsformen reorganisiert wurden. Es entstanden drei unterschiedliche Formen von flexiblen Hierarchien. Zunächst die modulare Organisation, bei der Teams mit hoher Eigenverantwortung und Entscheidungsfreiheit gebildet werden, die prozess- und kundenorientiert arbeiten. Des Weiteren wird die Amöbenorganisation als moderne Form der Organisation aufgeführt. Hier bilden die Mitarbeiter hinsichtlich ihrer Fähigkeiten und Neigungen selbstständig kleine, anpassungsfähige Projektteams. Durch diese Flexibilität sind sie im Stande, schnell auf Marktveränderungen zu reagieren und diese für sich zu nutzen. Schließlich zählt die lernende Organisation zu den modernen Organisationsformen, da bei ihr ein gezielter Aufbau von Kernkompetenzen bei den Mitarbeitern und deren betriebliche dynamische Weiterentwicklung im Vordergrund stehen. Alle drei sind an die wirtschaftlichen Erfordernisse der globalen Entwicklung angepasst und eignen sich durch ihre flachen Hierarchien in herausragender Weise, Intrapreneurship entstehen zu lassen und zu fördern.

Auch die Systeme eines Unternehmens wurden in Hinblick auf die Anpassung an aktuelle Erfordernisse untersucht. Es stellte sich heraus, dass eine Abwendung von traditionellen Organisationsgestaltungen hin zu prozessorientierten und kundenorientierten Abläufen in der Organisation stattfindet. Seit den 90er Jahren steht der Kunde mit seinen Bedürfnissen zunehmend im Fokus. Deshalb wird bei modernen Unternehmen zunehmend zuerst die Ablauforganisation konzipiert und darauf aufbauend die Organisationsstruktur festgelegt. Diese Prozessorientierung ermöglicht es dem Mitarbeiter, in Teams für ausgewählte Prozesse zu arbeiten. Des Weiteren besteht die Möglichkeit des Job Enrichments, der Aufgabenerweiterung auf vertikaler Ebene. Die dadurch entstehende Motivation und Arbeitsplatzzufriedenheit ist in herausragender Weise Intrapreneurship fördernd.

Dem Bereich der Unternehmenskultur wurde in der vorliegenden Arbeit große Bedeutung zugemessen, da diese mit ihren zwei Bereichen Kultur der Organisation und Kultur des Managements bedeutenden Einfluss auf die Umsetzung von Intrapreneurship haben. Den Grundstein legt hier eine Organisationskultur, die von Vertrauen, gemeinsamen Werten und Autonomie geprägt ist. Auch die erhöhte Toleranz gegenüber Fehlern sowie eine Offenheit gegenüber dem Risiko schaffen Freiräume für innovativ handelnde Mitarbeiter. Diese Aspekte müssen sich in einem unternehmerischen Leitbild widerspiegeln, welches sowohl nach innen als auch nach außen transparent gemacht wird. Betrachtet man die geschichtliche Entwicklung von Führungsstilen, so zeigt sich eine Abkehr von verhaltensorientierten hin zu beziehungsorientierten Ansätzen. Diese Entwicklung geht einher mit den Veränderungen im Menschenbild. Der moderne Mensch strebt nach Selbstverwirklichung und Autonomie am Arbeitsplatz. Dies greifen die New Leadership Ansätze auf, welche vor allem auf einer positiven Beziehung zwischen Arbeitgeber und Arbeitnehmer beruhen. Hier wird speziell die transformationale Führung beschrieben, welche darauf abzielt, dass die Mitarbeiter die vorgelebten Werte und Ziele des Unternehmens internalisieren und sich so als Teil des Ganzen identifizieren. Die Führungskraft hat eine herausragende Vorbildfunktion, indem sie die Werte vorlebt, die individuellen Fähigkeiten fördert und zu eigenständigem Problemlösen anregt. Dies führt zu vermehrtem Engagement und lässt innovatives Denken entstehen, die Grundlagen für die Entstehung von Intrapreneurship.

Im Anschluss wurde die Kernvariable Mitarbeiter analysiert. Hier zeigte sich, dass die vorangegangenen Schilderungen ein modernes Anreizsystem erfordern, um der aktuellen Interessenslage der Mitarbeiter gerecht zu werden. Mit den neuen Organisationsformen und Führungsstilen geht eine Entwicklung von sozialen und organisatorischen Anreizen einher, die bei den nicht-monetären Anreizen angesiedelt sind. Diese sind für die Mitarbeiter im Zeitalter der Globalisierung zunehmend von Bedeutung. Der Wunsch nach Autonomie, Anerkennung und Partizipation sind ebenso wie flexible Arbeitszeitsysteme, die Möglichkeiten der Aus- und Weiterbildung sowie Aussichten für beruflichen Aufstieg von essentieller Bedeutung. Je mehr diese Anreize dem persönlichen Profil des Mitarbeiters entsprechen, umso mehr wird er sich mit seiner vollen Arbeitskraft für das Unternehmen einsetzen. So werden optimale Grundlagen für Intrapreneurship geschaffen.

Die Fähigkeiten und das Wissen jedes Mitarbeiters bilden die Basis für ein Unternehmen. Daher ist deren steter, konsequenter Ausbau unabdingbar für die Wettbewerbsfähigkeit in einer globalisierten Welt. Nur auf Grundlage dieser Fähigkeiten können Kernkompetenzen gebildet werden. In der vorliegenden Arbeit wurde ein Wissensmanagement aufgezeigt, welches die Basis für den Aufbau von Kernkompetenzen sowie für die nachhaltige Steigerung des Unternehmenswertes bildet. Individuelles Wissen wird durch *Organizational Learning* zu kollektivem Wissen. So können einzelne Mitarbeiter, die das Konzept des Intrapreneurs verinnerlicht haben, ihre Visionen an das Team herantragen und so das Unternehmen voranbringen.

Abschließend wurden die gemeinsamen Werte auf die Möglichkeit, Intrapreneurship zu fördern, analysiert. Jedes Leitbild eines Unternehmens setzt sich aus den Bereichen Vision, Mission und strategischen Zielen zusammen. Aus der Vision sollte klar hervorgehen, dass das Unternehmen auf innovativ denkende Mitunternehmer setzt, die sich mit der Kultur der Organisation identifizieren. Im Bereich der Mission werden Unternehmensleitlinien entworfen, welche die Vision verdeutlichen. Die strategischen Ziele dienen im Anschluss der Veranschaulichung und geben messbare Richtlinien für das unternehmerische Handeln vor. So bieten sich in diesem Erfolgsfaktor einzigartige Möglichkeiten, diese an der Grundidee des Intrapreneurship-Konzeptes auszurichten.

Nach Betrachtung der einzelnen Erfolgsfaktoren eines Unternehmens lässt sich insgesamt der Schluss ziehen, dass die Umsetzung eines Intrapreneurship fördernden Konzepts ein adäquates Mittel darstellt, um in der globalen Wirtschaft bestehen zu können. Dieses Konzept fördert und sichert die Innovationsfreude der Mitarbeiter und ist damit ein robustes Mittel zur Erreichung überdurchschnittlicher Wettbewerbsfähigkeit. Insofern steht zu hoffen, dass in Zukunft viele Unternehmen ihre traditionellen Strukturen aufbrechen und so gewinnbringender Teil der globalen Wirtschaft bleiben und werden.

Literaturverzeichnis

Academicworld [o. J.]Generation Y wünscht sich Freude an der Arbeit, verfügbar unter: http://www.academicworld.net/artikel-allgemein/article/generation-y-wuenscht-sich-freude-an-der-arbeit/ (20.08.2015).

Albach, H [1995]Flexible und lernende Organisation: vom strategischen Management zum Chancenmanagement, Mannheim 1995.

Bass, B. M. [1990]From transactional to transformational leadership: Learning to share the vision, in: Organizational Dynamics, Vol. 18, No. 3, 1990, S. 19-31.

Bitzer, M. [1991] Intrapreneurship- Unternehmertum in der Unternehmung, Stuttgart 1991.

Bleicher, K. [1989] Unternehmenskultur in unternehmenspolitischen Seminaren, in: von Sattelberger, T. (Hrsg.): Innovative Personalentwicklung: Grundlagen, Konzepte, Erfahrungen, Wiesbaden 1989, S. 259-268.

Bowen, D. E./Lawler, E. E. [1995] Empowering Service Employees, in: Sloan Management Review, 36. Jg. ,S. 73-   84.

Bundeszentrale für politische Bildung [2014] Entwicklung des grenzüberschreitenden Warenhandels, verfügbar unter: http://www.bpb.de/nachschlagen/zahlen-und-fakten/globalisierung/52543/ent-wicklung-des-warenhandels (15.10.2015).

Business-Wissen [o. J.] Vom Denken in Funktionen zum Denken in Prozessen, verfügbar unter: http://www.business-wissen.de/hb/vom-denken-in-funktionen-zum-denken-in-prozessen/ (26.09.2015).

Dörr, S./Schmidt-Huber, M./Winkler, B./Klebl, U. [2013] Führung, in: Landes, M./Teiner, E. (Hrsg.): Psychologie der Wirtschaft, München 2013, S. 247-278.

Fiedler, R. [2014] Organisation kompakt, 3. Aufl., München 2014.

Flik, H. [1990] The Ameba Concept ... organizing around opportunity within the GORE culture, in: Simon, H. (Hrsg.): Herausforderung Unternehmenskultur. USW- Schriften für Führungskräfte, Bd. 17, Stuttgart 1990, S. 91-131.

Franke, N. [2004] Intrapreneurship – Konzept und historischer Bezug, in: Hernsteiner, 17. Jg., Nr. 1, 2004, S. 4-7.

Gallup GmbH [2015] Gallup-Studie 2014: Nur jeder siebte Arbeitnehmer ist von seinem eigenen Job wirklich begeistert, Financial Times Deutschland, verfügbar unter: http://bsw-total.de/wp-content/uploads/2015/03/Gallup-Studie.pdf (09.09.2015).

Häfelfinger, K. [1990] Intrapreneurship: Innovationskraft steigern, in: Management Zeitschrift, 59. Jg., Nr. 12, Zürich, S. 31-34.

Handelswissen [o. J.] Rahmenbedingungen Makroumwelt, verfügbar unter: http://www.handels-wis-sen.de/data/themen/Wareneinkauf/Information/Externe_Quellen/Information sfelder-objekte/Rahmenbedingungen_Makroumwelt (17.10.2015).

Handy, C. [1993] Understanding Organizations, New York 1993.

Hansen, A./Gala, O. [2014] TIPP ist überall, Zeit online, verfügbar unter: http://www.zeit.de/wirtschaft/2014-07/eu-freihandelsabkommen/komplettansicht (15.10.2015).

Hentze, J. [1995] Personalwirtschaftslehre 2, 6. Aufl., Bern, Stuttgart, Wien 1995.

Hinterhuber, H. H. [2004] Strategische Unternehmensführung. I. Strategisches Denken, 7. Aufl., Berlin 2004.

Holtrup, A. [2008] Individualisierung der Arbeitsbeziehungen? Ansprüche von Beschäftigten an Arbeit und Interessenvertretung, München und Mering 2008.

House, R. J./Hanges, P. J./Ruiz-Quintanilla, S. A./Dorfman, P. W./Javidan, M./Dickson, M./Gupta, V. [1999] Cultural influences on leadership and organizations: Project GLOBE, in: Advances in global leadership, Vol. 1, No. 2, 1999, S. 171-233.

Kantsberger, R. [2001] Empowerment: theoretische Grundlagen, kritische Analyse, Handlungsempfehlungen, München 2001.

Klages, H. [1985] Wertorientierungen im Wandel. Rückblick, Gegenwartsanalyse, Prognosen, 2. Aufl., Frankfurt am Main/New York 1985.

Kühlmann, T. M. [2008] Mitarbeiterführung in internationalen Unternehmen, Stuttgart 2008.

Kuhn, T. [2000] Internes Unternehmertum: Begründung und Bedingungen einer 'kollektiven Kehrtwendung', München 2000.

Leclerc, O. [o.J.] Leclerc wshop intrapreneurshipconference dec2013, verfügabr unter: http://de.slideshare.net/setolivier/leclerc-wshop-intrapreneurshipconference-dec2013 (06.09.2015).

Müller, H.-P. [2012] Dossier: Deutsche Verhältnisse. Eine Sozialkunde: Wertewandel, verfügbar unter: http://www.bpb.de/politik/grundfragen/deutsche-verhaeltnisse-eine-sozial-kunde/138454/werte-milieus-und-lebensstile-wertewandel (16.08.2015).

Neuberger, O. [2002] Führen und führen lassen, 6. Aufl., Stuttgart 2002.

Neugebauer, L. [1997] Unternehmertum in der Unternehmung: Ein Beitrag zur Intrapreneurship-Diskussion, Göttingen 1997.

Peters, T.J./Waterman, R.H. [1982] In Search of Excellence. Lessons from America's Best-Run Companies, New York 1982.

Peters, T./Ghadiri, A. [2013] Neuroleadership – Grundlagen, Konzepte, Beispiele: Erkenntnisse der Neurowissenschaften für die Mitarbeiterführung, 2. Aufl., Wiesbaden 2013.

Peters, T. [2015] Leadership. Traditionelle und moderne Konzepte, Wiesbaden 2015.

Picot, A./Reichwald, R./Wigand, R. T. [1996] Die grenzenlose Unternehmung: Information, Organisation und Mnagement. Lehrbuch zur Unternehmensführung im Informationszeitalter, 2. Aufl., Wiesbaden 1996.

Porter, M. E. [2006] Creating Tomorrow's Adavantages, in: Hahn, D./Taylor, B. (Hrsg.): Strategische Unternehmensplanung – strategische Unternehmensführung. Stand und Entwicklungstendenzen, 9. Aufl., Berlin, Heidelberg 2006, S. 267-274.

Porter, M. E. [2007]Wettbewerbsvorteile. Spitzenleistungen erreichen und behaupten, in: Boersch, C./Elschen, R. (Hrsg.): Das Summa Summarum des Management. Die 25 wichtigsten Werke für Strategien, Führung und Veränderung, Wiesbaden 2007, S. 251-263.

Pribilla, P./Reichwald, R./Goecke, R. [1996] Telekommunikation im Management. Strategien für den globalen Wettbewerb, Stuttgart 1996.

Rep, I. [2004] Intrapreneurship – Persönlichkeitsmerkmale und andere erfolgskritische Voraussetzungen, in: Hernsteiner, 17. Jg., Nr. 1, 2004, S. 13-19.

Schwarzer, B./Krcmar, H. [1994] Neue Organisationsformen: Ein Führer durch das Begriffspotpourri, in: Information Management, 9. Jg., Nr. 4, 1994, S. 20-27.

Seiwert, J./ Gay, F. [1996] Das 1x1 der Persönlichkeit: sich selbst und andere besser verstehen mit dem DISG-Persönlichkeitsmodell, Heidelberg/Remchingen 1996.

Senge, P. M. [2006] The Fifth Discipline: The Art & Practice of The Learning Organization, New York [u. a.] 2006.

Staehle, W.H. [1992] Das Bild vom Arbeitnehmer im Wandel der Arbeitgeber-Arbeitnehmer-Beziehungen, in: Zeitschrift für Personalforschung, 6.Jg., Nr. 2, 1992, S. 141–146.

Thommen, J./Achleitner, A. [2012] Allgemeine Betriebswirtschaftslehre. Umfassende Einführung aus managementorientierter Sicht, 7. Aufl., Wiesbaden 2012.

Vahs, D./Schäfer-Kunz, J. [2012] Einführung in die Betriebswirtschaftslehre, 6. Aufl., Stuttgart 2012.

Von Rosenstiel, L. [2002] Führung in Organisationen, in: Kölner Zeitschrift für Soziologie und Sozialpsychologie, Nr. 42, 2002, S. 203-244.

Waterman, R.H./Peters, T.J./Phillips, J.R. [1980] Structure is not organization, in: Business Horizons, Vol. 23., No. 3, S. 14-26.

Wolter, H./Wolff, K./Freund, W. [1998] Das virtuelle Unternehmen: Eine Organisationsform für den Mittelstand, Wiesbaden 1998.

Wunderer, R. [2007] Führung und Zusammenarbeit. Eine unternehmerische Führungslehre, 7. Aufl., Köln 2007.

Yukl, G. [2009] Leadership in organizations, 7. Aufl., New Jersey 2009.